AF544141

Schirner
Verlag

Michèle Voigt

Ich erzähle, du träumst

Entspannende Traumreisen an ferne Orte

ISBN Printausgabe 978-3-8434-1471-5
ISBN E-Book 978-3-8434-6442-0

Michèle Voigt:
Ich erzähle, du träumst
Entspannende Traumreisen
an ferne Orte

Umschlag: Elena Lebsack, Schirner,
unter Verwendung von # 205173247
(© iravgustin) und # 1392077147
(© 4zevar), www.shutterstock.com
Layout: Elena Lebsack, Schirner
Lektorat: Sandra Woite, Schirner
Printed by: Ren Medien GmbH,
Germany

www.schirner.com

1. Auflage Januar 2021

Inhalt

»Ich habe Ruhe gesucht
überall und habe sie
am Ende gefunden
in einem Winkel bei
einem kleinen Buche.«

Franz von Sales

Vorwort

Hallo!

Ich freue mich, dass Sie sich für mein Buch interessieren.

Wenn Sie es in den Händen halten, sind Sie vermutlich auf der Suche nach Entspannungsübungen und tun gern etwas für sich selbst – oder möchten jetzt damit beginnen. Denn die Themen »Entspannung« und »Achtsamkeit« werden in unserer hektischen Welt immer wichtiger. Mir ist es ein Bedürfnis, Ihnen zu helfen, auf Ihren Körper und Ihre Seele zu achten. Sie können die Traumreisen in diesem Buch für sich allein lesen oder sie beruflich nutzen, etwa als Physiotherapeut, Yogalehrer, Entspannungstherapeut, Fitnesstrainer oder Kursleiter. Vielleicht aber auch als Psychotherapeut oder Lehrer.

Ich selbst bin Physiotherapeutin. Für meine Arbeit mit Entspannungsgruppen hatte ich bisher nicht das perfekte Buch für mich gefunden. Entweder waren die Geschichten zu lang, zu kurz, oder sie entsprachen einfach nicht meinem Stil. Auch die meisten Themen fand ich eher uninteressant und sehr weit hergeholt. So entstand die Idee, eigene Traumreisen zu schreiben, die eingängig und leicht vorzulesen sind.

Es gibt viele Möglichkeiten und Gelegenheiten, dieses Buch zu verwenden. Ob Sie eine kurze Reise suchen, um dem Alltag zu entfliehen, oder lange, ausladende Geschichten, die Sie während Entspannungsstunden, zum Beispiel in einer Kurklinik, durchführen können.

Sie können die Fantasiegeschichten, wie Traumreisen auch genannt werden, Ihrem Partner vorlesen, um ihm etwas Gutes zu tun. Sie können es sich auch mit dem Buch an Ihrem Lieblingsplatz gemütlich machen und sich beim Lesen in fremde Welten träumen. Genießen Sie die Zeit für sich allein, und entspannen Sie sich.

Ich wünsche Ihnen viel Spaß!

Ihre Michèle Voigt

Was sind *Traumreisen?*

Traumreisen sind erholsame Geschichten zum Innehalten und Abschalten, die aus dem Fachbereich der Entspannungstherapie kommen. Es sind Hörerlebnisse, in denen der Zuhörer die Hauptfigur ist und selbst »reist«, während er von der Stimme eines Vorlesers durch die Handlung geführt wird. Ein Vorleser ist allerdings nicht zwingend notwendig, man kann die Entspannungsgeschichten auch selbst lesen und dabei in Gedanken an die friedlichen Orte reisen. Während solch einer Reise erlebt der Hörer, ähnlich wie beim Autogenen Training oder der Progressiven Muskelentspannung nach Jacobsen, einen tiefen Zustand der Entspannung. Die Umgebung, in die der Hörer in seiner Vorstellung reist, wird sehr detailliert und bildhaft beschrieben, damit er sich alles ganz genau vor seinem inneren Auge ausmalen und sich in die Situation hineinträumen kann.

Im Verlauf einer Traumreise werden dem Hörer verschiedene positive Suggestionen vermittelt. Der tiefe Entspannungszustand sorgt dafür, dass sich diese Suggestionen, zum Beispiel »Ich bin ruhig und entspannt«, im Bewusstsein des Hörers verankern. Und auch nach der Reise ist die Wirkung noch zu spüren und kann durch Wiederholungen verstärkt werden.

Traumreisen sprechen idealerweise alle Sinne an – (inneres) Sehen, Riechen, Schmecken, Tasten und Hören –, um das Bewusstsein des Reisenden so intensiv wie möglich in das Geschehen hineinzuversetzen.

Wie wirkt eine *Traumreise?*

Eine Traumreise dient in erster Linie der Entspannung, der körperlichen und geistigen Erholung. »Einfach abschalten und ausruhen«, das ist hier das Motto. Traumreisen sind ideal für Einsteiger, denn sie können ohne Vorkenntnisse sofort durchgeführt werden. Sie sorgen dafür, dass das Gedankenkarussell aufhört, sich zu drehen, und die Gedanken sich beruhigen. Durch die Konzentration auf die angeleiteten Bilder treten Sorgen und Ängste für den Moment in den Hintergrund. Die Situationen, die der Reisende erlebt, stärken Gefühle wie Mut, Selbstvertrauen, Selbstliebe, Optimismus, Zuversicht und Glück. Sie geben ihm die Gelegenheit, seine Gedanken und Empfindungen in positive Bahnen zu lenken.

Zudem steigern Fantasiereisen das Selbstbewusstsein und die Lebensfreude, fördern die Kreativität und bauen Ängste, Stress und negative Gedanken ab. Die Reisen können daher auch eingesetzt werden, um Aggressionen und Phobien zu lindern. Auch in der Schmerztherapie, zum Beispiel bei Rücken- oder Kopfschmerzen, werden Entspannungsmaßnahmen wie Fantasiereisen eingesetzt, genau wie bei psychisch bedingten Problemen wie Burn-out, Depressionen oder Tinnitus.

Sie können die eigenen Selbstheilungskräfte mobilisieren, um einen Zustand von seelischer Ausgeglichenheit und körperlichem Wohlbefinden zu erreichen. Die positiven Vorstellungsbilder regen die Tätigkeit des Immunsystems an und stärken es gegen Infektionen

und andere Krankheiten wie Herz-Kreislauf-Probleme, psychosomatische Erkrankungen und Schmerzsymptome. Die Entspannung kann außerdem zur Verbesserung der Schlafqualität führen.
Allem voran aber sind Fantasiereisen eine großartige Möglichkeit, dem Alltag zu entfliehen, sich eine Auszeit zu gönnen und einfach nur zu träumen. Die friedlichen und beruhigenden Szenen, die in tiefer Entspannung erlebt werden, bewirken Ruhe und Ausgeglichenheit.

Für wen sind *Traumreisen* geeignet – und für wen nicht?

Traumreisen eignen sich hervorragend, um Spannungen im Alltag abzubauen. Das können muskuläre Verspannungen sein, zum Beispiel im Schulter-Nacken-Bereich, aber auch psychische Anspannungen. Der Alltag verlangt uns viel ab, und gerade, wenn wir mehrfach belastet sind durch Arbeit, Haushalt, Kinder oder die Betreuung von Angehörigen, achten wir weniger auf uns selbst. Unsere Atmung wird flacher, unser Stresslevel erhöht sich, und wir fühlen uns ausgelaugt und müde. Das geschieht anfangs oft unbemerkt und schleichend. Vielleicht kommen auch Sorgen und Ängste dazu. Das alles führt zu Spannungen, die mit einfachen Entspannungsübungen, wie zum Beispiel Traumreisen, abgebaut werden können. Es ist wichtig, einen Ausgleich zu schaffen: Sehen Sie die Geschichten als kleine Fluchten aus Ihrem Alltag an.

Doch nicht immer sind Traumreisen zu empfehlen. In den folgenden Aufzählungen können Sie sehen, wann es – abgesehen von dem Wunsch nach Entspannung – wirklich sinnvoll ist, Traumreisen zu machen, und wann Sie sie auf keinen Fall machen sollten.

Traumreisen sind besonders für Menschen geeignet, die unter folgenden Beschwerden leiden:

- Aggressionen
- Angststörungen
- Bluthochdruck
- Flugangst
- Gedächtnisschwäche
- Konzentrationsschwäche
- Kopfschmerzen, Migräne
- Lampenfieber bzw. Prüfungsangst
- Magen- und Darmstörungen
- nächtliches Zähneknirschen
- Rückenschmerzen
- Schlafstörungen
- Stottern
- Stress

Nicht zu empfehlen ist die Durchführung von Traumreisen, wenn der potenziell Reisende die folgenden Beschwerden hat:

- alkoholinduzierte Störungen, psychotische Zustände oder hirnorganische Veränderungen nach Missbrauch von Medikamenten oder Drogen
- einige affektive Störungen, zum Beispiel endogene Depression
- geistige Behinderung mit Intelligenzminderung und Einschränkung der Selbstverfügbarkeit
- hirnorganische Störungen, zum Beispiel Demenz
- Persönlichkeitsstörungen, insbesondere Borderline-Syndrom
- Psychosen, zum Beispiel Schizophrenie, Wahnerkrankungen, Störungsbilder mit gestörtem Realitätsbezug und/oder Halluzinationen

Vorbereitung auf das Reisen

Je nachdem, wie Sie die Traumreisen nutzen wollen – als Auszeiten für sich selbst oder für andere Menschen in einem Kurs oder Seminar –, gibt es verschiedene Punkte bei der Vorbereitung. Im Folgenden erkläre ich Ihnen, was Sie beachten sollten, wenn Sie allein reisen, und auch, was wichtig ist, wenn Sie andere in die Entspannung führen möchten.

Vorbereitung für die private Anwendung

Schaffen Sie vor dem Beginn der Traumreise eine angenehme Atmosphäre. Suchen Sie sich einen ruhigen Platz. Sie können sich auf ein Sofa, Ihr Bett oder den Boden legen oder es sich in Ihrem Lieblingssessel bequem machen. Hauptsache, Sie fühlen sich wohl. Am besten wählen Sie eine Zeit, in der Sie ungestört sind. Wenn Sie möchten, schalten Sie Ihr Smartphone und die Türklingel aus.
Legen Sie eine Decke und Ihr Lieblingskissen bereit. Um eine schöne Atmosphäre zu schaffen, können Sie auch Kerzen anzünden, eine Duftlampe aufstellen oder Räucherstäbchen entzünden. Legen Sie leise, beruhigende Musik auf, wenn Sie möchten, und kleiden Sie sich so bequem wie möglich.

Sollte es Ihnen schwerfallen, sich beim Lesen gleichzeitig zu entspannen, können Sie sich auch beim Vorlesen aufnehmen. Wenn Sie die Reisen dann abspielen, brauchen Sie nur Ihrer eigenen Stimme zu lauschen und können sich ganz fallen lassen. Sie können diese Entspannungszeiten fest in Ihren Alltag einplanen. Am besten lassen Sie diese Auszeiten vom Alltag zu einem regelmäßigen Ritual werden.

Als kleinen, aber wichtigen Tipp gebe ich Ihnen mit auf den Weg: Gehen Sie vorher noch einmal zur Toilette, damit Sie die Reise nicht zwischendurch unterbrechen müssen. Stellen Sie außerdem sicher, dass Sie ausreichend Licht zum Lesen haben.

Vorbereitung für den therapeutischen Bereich

Schaffen Sie vor Beginn der Traumreise eine ruhige, gemütliche Atmosphäre. Sie können ein »Bitte nicht stören«-Schild anfertigen, das Sie von außen an die Tür hängen, um ungestört zu sein. Der Raum sollte die Möglichkeit bieten, Matten auszubreiten, denn in der Regel kann sich der Reisende besser entspannen, wenn er bequem liegt. Falls es aus gesundheitlichen oder räumlichen Gründen nicht möglich ist, die Entspannungsreisen im Liegen durchzuführen, kann er sich natürlich auch auf den Boden oder einen Stuhl setzen. Wenn der Entspannung im Liegen nichts im Wege steht, können Kissen, Decken und eventuell Knierollen hilfreich sein, vor allem bei den längeren Geschichten. In den Räumlichkeiten sollte es nicht zu warm oder zu kalt sein. Wenn möglich, lüften Sie vor Beginn der Entspannungsreise. Um eine entspannte Atmosphäre zu erzeugen, können Sie eine Kerze anzünden oder auch ein Blumenarrangement aufstellen. Weitere Dekorationsmöglichkeiten sind Klangschalen, Buddha-Figuren oder was immer der Entspannung dient. Das Licht sollte am besten etwas gedimmt werden. Entspannungsmusik gehört nicht zwingend zu einer gelungenen Traumreise, jedoch können leise Klänge im Hintergrund den Reisenden helfen, schneller abzuschalten. Die Musik sollte Ihre Stimme aber nicht übertönen, sondern lediglich als Untermalung dienen.

Bringen Sie sich als Vorleser selbst in eine gelassene Stimmung, um mit ruhiger Stimme lesen zu können. Schließen Sie kurz die Augen, und atmen Sie dreimal tief ein und aus. Sie können sich auch gedanklich schon einmal in die Umgebung der Geschichte hineinversetzen, in die Sie Ihre Zuhörer führen werden. Suchen Sie sich einen bequemen Platz, an dem Sie gut zu hören sind und an dem Sie genug Licht zum Lesen haben. Vielleicht möchten Sie eigene Rituale einführen, wie zum Beispiel das Anschlagen einer Klangschale, um die Entspannung einzuleiten. Am Ende der Reise können Sie durch erneutes Anschlagen der Klangschale die Entspannungszeit beenden. Seien Sie kreativ. Das sind nur Anregungen und Vorschläge, mit der Zeit werden Sie Ihren eigenen Weg finden.

Anwendung der Traumreisen

Sie können sich der eigenen Fantasie besonders wirkungsvoll hingeben, wenn Sie sich in einem tiefen Entspannungszustand befinden. Um diesen einfacher zu erreichen, finden Sie zwei einstimmende Texte ab Seite 22. Am besten suchen Sie sich eine Version aus und verwenden diese jedes Mal. Das ist ein kleines Ritual für alle, die regelmäßig Traumreisen durchführen wollen. Sie wissen dann genau, was auf Sie zukommt, und entspannen sich schneller.

Im Anschluss an die Einführung folgt die eigentliche Fantasiereise. Entscheiden Sie intuitiv, welche Geschichte Sie wählen. Sie können das Buch von vorn nach hinten durcharbeiten, Sie können sich nach der Länge der Reisen richten oder diejenige auswählen, die Sie spontan am meisten anspricht.
Jede Traumreise hat eine geschätzte Lesedauer, damit Sie eine Vorstellung haben, wie viel Zeit Sie sich nehmen sollten. Diese Lesedauer hängt auch davon ab, wie schnell Sie lesen und wie lang Sie die Pause gestalten, die in jeder Geschichte enthalten ist. Während dieser Pause kann der Reisende sich ganz auf die Situation konzentrieren und auf das, was er um sich herum wahrnimmt, ohne neue Bilder »vorgesagt« zu bekommen. Er kann völlig in die Entspannung hineinsinken und sich ihr hingeben. Die Pause kann zwei Minuten dauern oder bis zu zehn Minuten ausgedehnt werden. Lassen Sie sich von Ihrem Gefühl leiten, und achten Sie auch darauf, wie ruhig oder unruhig der Reisende ist.

Passen Sie Ihr Lesetempo der Situation an, lesen Sie mit ruhiger Stimme. Wenn Sie für jemand anderen lesen oder die Reisen aufnehmen möchten, lesen Sie die Geschichte am besten vorher einmal für sich, damit Sie wissen, um was es geht, und um etwaigen Stolperfallen vorzubeugen. Wenn Sie sich einmal verhaspeln, lassen Sie sich dadurch nicht irritieren, und lesen Sie ruhig weiter.
Im Anschluss an die Traumreise folgt die Rückholphase. Dies ist ein kurzer Text, den Sie auf Seite 27 finden, um den Reisenden wieder im Hier und Jetzt zu begrüßen. Danach sollten Sie Ihrem Zuhörer noch etwas Zeit geben, sich zu akklimatisieren und wieder in der Gegenwart anzukommen. Weisen Sie darauf hin, langsam aufzustehen, da der Kreislauf nach dem langen Liegen und der tiefen Entspannung manchmal Probleme bereiten kann.

Ich benutze gern drei Lesezeichen für Einleitung, Traumreise und Schluss, um störendes Blättern während der Entspannungszeit zu vermeiden. Am Ende jedes Textes finden Sie Platz für Notizen. Hier können Sie aufschreiben, wann Sie diese Traumreise gelesen haben. Das erleichtert die Planung und verhindert, dass Sie zu häufig dieselbe Fantasiereise hintereinander benutzen. Wenn Sie die Reisen für sich allein machen, können Sie dort notieren, welche Gefühle Sie währenddessen gespürt haben oder welche besonderen Gedanken und Erkenntnisse Sie hatten.

Die Traumreisen sind in der Du-Form geschrieben, um Ihre Seele direkt anzusprechen und damit Sie schneller entspannen können. Die Du-Form unterstützt auch das Bewusstsein, dass Vorleser und Hörer sich auf Augenhöhe begegnen können.

Ich wünsche Ihnen viel Spaß beim Reisen und Entdecken!

Einstimmung

Ich habe zwei verschiedene Texte zur Einstimmung in die Traumreise geschrieben. Es ist wichtig, dass Sie in die richtige Stimmung kommen, um sich treiben zu lassen und völlig gelöst und entspannt zu sein. Jeder Mensch braucht etwas anderes, um sich wohlzufühlen. Suchen Sie sich die Variante aus, die Ihnen mehr zusagt und mit der Sie sich am besten entspannen können.

Zur Ruhe kommen

Lesedauer: ca. 4 Minuten

Lege oder setze dich bequem hin. Es gibt im Moment nichts für dich zu tun. Du darfst loslassen und sein, wie du gerade bist. Die folgenden Minuten sind nur für DICH. Wenn du magst, schließe deine Augen. Erlaube der Welt, sich einige Minuten ohne dich weiterzudrehen. Richte deine Aufmerksamkeit nach innen. Alle Geräusche um dich herum fließen an dir vorbei. Sie helfen dir beim Entspannen. Höre meine Stimme, und werde immer ruhiger.

Spüre deinen Atem.
Spüre, wie er kommt und geht.
Kommt und geht.
Kommt und geht.

Deine Atmung wird ruhig. Dein Herzschlag wird ruhig. Spüre in deinen Körper hinein. In deinen Kopf, in deine Stirn, in deine Augenlider, in deinen Kiefer. Wandere mit deiner Aufmerksamkeit zu deinen Schultern, deinen Arme, bis in die Hände, dann über deinen

Oberkörper zu deinen Hüften, in dein Becken, die Beine hinunter und bis in die Zehenspitzen. Dein ganzer Körper liegt nun schwer und warm auf der Unterlage. Er wird schwerer und schwerer und sinkt noch ein bisschen tiefer. Dein ganzer Körper entspannt sich nach und nach. Du musst nichts tun. Nichts und niemand wartet auf dich. Wenn doch einmal ein Gedanke auftaucht, setze ihn auf eine Wolke, und lasse ihn mit dem Wind langsam weiterziehen. Du sinkst tiefer und tiefer in die Entspannung hinein. Nimm dir diese Zeit, sie ist nur für DICH.

Dein Atem kommt und geht ruhig und gleichmäßig.
Er kommt und geht.
Kommt und geht.

Mache dich gedanklich langsam auf eine Reise.

Behagliche Wärme

Lesedauer: ca. 5 Minuten

Die folgenden Minuten sind nur für dich. Minuten der Sicherheit, der Wärme und der Entspannung. Du darfst dich nun gemütlich hinlegen oder hinsetzen und einfach genießen. Überprüfe, ob du bequem liegst oder sitzt, ohne dass etwas drückt oder kneift. Positioniere dich so, dass du einige Zeit ruhig bleiben kannst. Es ist ganz gleich, ob du auf dem Rücken oder auf der Seite liegst.

Mache dir deine Atmung bewusst.
Spüre, wie dein Atem kommt und geht.
Kommt und geht.
Kommt und geht.

Mit jeder Ausatmung entspannt sich dein Körper mehr. Dein Atem fließt ruhig und gleichmäßig. Dein Herzschlag ist ruhig und gleichmäßig. Deine Gedanken sind ruhig und friedlich. Die Geräusche um dich herum werden immer leiser und unbedeutender. Sie treten völlig in den Hintergrund. Spüre, wie dein Körper in die Unterlage sinkt, wie er schwerer und schwerer wird. Dein Körper und dein Geist sind jetzt ruhig und entspannt.
Nimm ein wohliges, warmes Gefühl wahr, das sich von einem Punkt in deinem Brustkorb ausbreitet. Stelle dir diesen Punkt wie eine kleine Sonne in deiner Brust vor. Ihre Strahlen wärmen und entspannen deinen ganzen Körper. Deine Muskeln und Sehnen werden warm, weich und gelöst. Die Strahlen deiner inneren Sonne wärmen deinen Hinterkopf, deinen Nacken, deine Stirn und die Augenlider. Dein Kopf fühlt sich angenehm warm und weich an. Die Sonnenstrahlen erwärmen deine Schulterblätter, deinen Brustkorb und deinen Rücken. Dein ganzer Oberkörper ist warm,

weich und entspannt. Die Wärme erreicht dein Becken, deine Hüften, deine Beine und strahlt bis in deine Zehenspitzen. Dein ganzer Unterkörper ist warm, weich und entspannt. Dein warmer und entspannter Körper sinkt noch ein wenig tiefer in die Unterlage. Du fühlst dich wohl und geborgen.

Atme tief ein und aus.
Ein und aus.
Ein und aus.

Deine Gedanken sind frei und gehen nun auf eine Reise.

Rückkehr

Geben Sie sich oder Ihren Zuhörern nach der Durchführung der Traumreise ein paar Minuten Zeit, das Erlebte auf sich wirken zu lassen und langsam wieder ins Hier und Jetzt zurückzukehren. Planen Sie genügend Zeit dafür ein, um nicht zu schnell aus der Traumwelt gerissen zu werden. Hilfreich ist dabei der folgende Abschluss, den Sie im Anschluss an jede Reise lesen. Er unterstützt Sie, einfacher und entspannter wieder in der Gegenwart anzukommen.

Ankommen in der Gegenwart

Lesedauer: ca. 3 Minuten

Komme langsam wieder ins Hier und Jetzt zurück. Verabschiede dich in Gedanken von deiner Fantasiereise, von der wunderschönen Umgebung und der friedlichen Stimmung.

Atme bewusst ein und aus.
Ein und aus.
Ein und aus.

Nimm allmählich wieder die Geräusche um dich herum war. Spüre die Unterlage, die dich trägt, du fühlst dich ruhig und entspannt. Spüre deinen Körper warm und schwer auf dieser Unterlage liegen (oder sitzen). Deine Atmung und dein Puls sind ruhig und gleichmäßig. Du fühlst dich wohl. Atme ein weiteres Mal tief ein und aus. Vielleicht verspürst du das Bedürfnis, dich zu bewegen, dich zu recken und zu strecken. Gib diesem Drang nach. Bewege die Finger. Balle deine Hände zu Fäusten. Kreise deine Füße, und strecke deinen Körper, wie es dir gerade guttut.

Atme ein letztes Mal tief ein und aus. Und wenn du so weit bist, öffne deine Augen.

Die Traumreisen

Nun geht es los!

Mit den folgenden Geschichten entführe ich Sie in magische und faszinierende Träume. Sie werden friedliche Orte kennenlernen, an exotischen Plätzen entspannen und den Duft verwunschener Wälder schnuppern. Sie erleben Entspannung in allen Jahreszeiten und erfahren, was es heißt, mit den Gedanken zu reisen.

Lassen Sie los, und tauchen Sie ein in die Welt Ihrer Fantasie!

Der verwunschene Garten

Lesedauer: ca. 7 Minuten

Träume dich in deiner Fantasie in einen üppig blühenden Garten. Es ist später Nachmittag an einem schönen, lauen Sommertag. Die Sonne wird bald untergehen und taucht den wildromantischen Garten in ein besonderes Licht. Dieses Stückchen Erde wurde zum größten Teil sich selbst überlassen. Hier gibt es keine angelegten Beete, Wege oder Strukturen. Hier darf die Natur sein, wie sie will. Und das tut sie auch. Du siehst dicht verzweigte Himbeerhecken, an deren Früchten sich Vögel und Mäuse bedienen. Viele Holundersträucher wachsen hier, und der Flieder blüht von edlem Weiß über liebliches Rosé bis hin zu dunklem Violett und verströmt einen betörenden Duft. Der ausladende Schmetterlingsflieder macht seinem Namen alle Ehre, denn unzählige bunte Schmetterlinge sitzen auf seinen langen Rispen und genießen den Nektar und die Wärme. Du erkennst gelbe Zitronenfalter, rotbraune Tagpfauenaugen und schwarz-weiße Schwalbenschwänze. Die kleinen Falter sitzen ruhig auf den Blütenkelchen, du kannst sie genau betrachten. Ab und zu schlagen sie mit ihren zarten Flügeln oder fliegen von Blüte zu Blüte. Schmetterlinge faszinieren dich. Wie sich aus dicken, unförmigen Raupen solch filigrane Tierchen entwickeln können – das ist ein Wunder der Natur.

Neben den Sträuchern, die hier wachsen, erkennst du grünen Klee mit unzähligen lila Blüten, kleine weiße Gänseblümchen sowie gelbe Butterblumen und Löwenzahn. Zartrosa Wiesenschaumkraut wiegt sich leicht im Wind, und daneben wachsen duftender wilder Thymian und Borretsch. Du bewunderst das Farbenspiel von leuchtend rotem Klatschmohn, gelbem Hornklee und weißer Kamille.

Du atmest den süßen und würzigen Duft der Wildblumen und -kräuter tief ein und aus.
Ein und aus.
Ein und aus.

Dieser Garten ist ein Paradies für Insekten und Vögel. Fleißige Honigbienen fliegen durch das Blütenmeer und sammeln Nektar. Überall summt und brummt es, du siehst Wespen, Hummeln, Libellen, Mücken und Marienkäfer. In den Ästen der alten knorrigen Apfelbäume sitzen Eichelhäher und Amseln. Schwalben haben ihre Nester unter dem Dach eines verwitterten Gartenhäuschens gebaut, und im Haselnussstrauch entdeckst du ein Spatzennest. Dein Blick fällt auf einen moosbewachsenen Steinhaufen, ein Biotop für Spinnen, Eidechsen und Molche.
Im Herzen des Gartens entdeckst du eine Bank und beschließt, dich dort hinzusetzen. Die Bank ist aus Holz, und an einigen Stellen blättert die braune Farbe ab, doch sie ist stabil und bequem.
Du betrachtest die friedliche Szenerie um dich herum und schließt dann die Augen. Du nimmst nur die Klänge der Natur wahr: das Rauschen des Windes in den Bäumen, ein Rascheln im Gebüsch, das Summen der Insekten. Du spürst die Sonne auf deiner Haut, eine leichte Windböe, die dich streift, und du merkst, wie du dich immer mehr entspannst. Du lauschst aufmerksam dem Wind, der durch die Blätter weht, dem Zwitschern der Vögel, dem Piepsen der Vogelküken und dem Brummen der dicken Hummeln. Du hörst, wie eine Maus durch das Gebüsch huscht und wie die Krähen sich an den Haselnüssen zu schaffen machen. Du lauschst dem Schnaufen eines Igels. Und du hörst und spürst, wie dein Herz im Gleichklang mit der Natur schlägt. Du fühlst dich frei hier in der puren, echten Natur. Du bist ein Teil von ihr. Nichts belastet dich, es gibt nichts für dich zu tun. Genieße das Hier und Jetzt. Wenn einmal störende Gedanken auftauchen, schiebe sie einfach beiseite. Setze

sie auf eine Wolke und lasse sie weiterziehen. Oder du bittest den Wind, deine Sorgen und Ängste davonzutragen. Nichts stört deinen entspannten Tag in diesem Garten.
Du riechst die Sonnenstrahlen auf deiner Haut, den lieblichen Duft des Flieders, der Wildblumen und des frischen Heus, der vom Feld nebenan herüberweht. So riecht der Sommer – es ist herrlich. Vor lauter Wohlbehagen bekommst du eine Gänsehaut, und dein Herz hüpft vor Freude.

Atme tief ein und aus.
Ein und aus.
Ein und aus.

Spüre, wie sich deine Muskeln, Sehnen und Nerven entspannen und wie sich deine Gedanken beruhigen. Die Geräusche treten in den Hintergrund, genieße diesen Augenblick. Er ist nur für DICH.

PAUSE

In einem Zustand völliger Ruhe und inneren Friedens öffnest du langsam deine Augen. Es ist schon fast Nacht, vereinzelt sind Glühwürmchen zu sehen, und die nachtaktiven Tiere trauen sich nun aus ihren Verstecken. Igel, Marder und Fledermäuse drehen ihre Runden. Für dich ist der Tag in diesem wilden Garten zu Ende. Atme noch ein letztes Mal die herrliche, unverbrauchte Luft tief ein, und verabschiede dich von dem Garten, seiner Blütenpracht und seinen Bewohnern. Wann immer dir der Alltag grau und farblos erscheint, rufe dir die Bilder der wunderschönen Farbenpracht und der Blütenfülle in Erinnerung, und verschönere so deinen Tag.

Notizen:

Die Winter-Oase

Lesedauer: ca. 9 Minuten

Träume dich in deiner Fantasie in ein kleines, verschneites Dorf. Für diesen herrlichen Wintertag bist du genau richtig angezogen: Du trägst eine warme Jacke, einen dicken Schal, und auf deinem Kopf sitzt eine Pudelmütze.

Wo du auch hinschaust, alle Häuser, Autos und Bäume sind mit feinem Pulverschnee bedeckt. Eiskristalle glitzern und funkeln in der Sonne. In der Ferne erheben sich hohe, schneebedeckte Berge, die in der klaren Winterluft deutlich zu sehen sind.

Du schaust dich in dem kleinen Ort um. Du stehst mitten auf dem Marktplatz und siehst einige Geschäfte, überall herrscht emsiges Treiben. Links von dir bemerkst du eine kleine Kirche. Neben ihr steht an einem schmalen Weg, der aus dem Dorf herauszuführen scheint, ein Wegweiser. Du bist gespannt, was darauf zu lesen ist, und läufst gemächlich auf ihn zu. »Oase« steht dort in krakeliger Schrift. Der Wegweiser scheint schon lange hier zu stehen, denn er ist windschief und stark verwittert. Aber etwas Besonderes geht von ihm aus, und die Inschrift macht dich neugierig.

Du schaust dich noch einmal um und beschließt dann, dem Pfad zu folgen. Der Fußweg ist mit Schnee bedeckt, aber du hast in deinen Wanderschuhen einen sicheren Tritt und kannst gefahrlos losgehen. Direkt hinter der Kirche macht der Weg eine Kurve, und das Dorf verschwindet langsam aus deinem Sichtfeld. Du bist ganz allein, außer dir ist niemand zu sehen. Genieße diese Einsamkeit und die Zeit nur für dich. DU bist dir genug. Außer dem Knirschen des Schnees unter deinen Schuhen nimmst du kein Geräusch wahr.

Du folgst dem Pfad ein gutes Stück, die Umgebung ist wunderschön. Rechts von dir liegt ein mit Pulverschnee bedecktes Feld. Es ist von halbhohen Hecken gesäumt, und Raureif überzieht die Pflanzen. Im Sommer wird hier wieder Getreide wachsen und gedeihen, doch jetzt hält dieses Stückchen Natur seinen Winterschlaf. Links von dir fällt das Gelände etwas ab und bietet einen phänomenalen Ausblick über Wiesen, Felder und einen kleinen Wald. Die Natur ist still und friedlich. Aus der Ferne kannst du das Krächzen einer Krähe hören, ansonsten ist alles ruhig.

Du bleibst stehen und genießt dieses wunderschöne Fleckchen Erde. Der Himmel ist makellos blau, die Sonne strahlt und wärmt dich von hinten. Etwas weiter unten im Tal siehst du Rehe, die auf der Suche nach Grashalmen sind. Sie haben dich noch nicht bemerkt und verhalten sich ganz unbefangen. Du atmest die klare, kalte Winterluft tief ein. Beinahe kannst du den Schnee riechen … Du schließt die Augen und genießt einfach. Du genießt die Ruhe, die Schönheit der Natur und die Wärme der Sonne in deinem Rücken. Deine Gedanken sind völlig frei. Nichts belastet dich. Du bist nur hier. Hier in dieser friedvollen Winterlandschaft. Du fühlst dich entspannt und bist froh darüber, dass du diesem einsamen Weg gefolgt bist. Atme tief ein, und bemerke das Lächeln, das sich in dein Gesicht gezaubert hat.

Schließlich gehst du weiter. Der Fußweg macht in ein paar Metern einen Bogen. Neugierig wanderst du den Pfad entlang und bist gespannt, was dich erwartet. Der Schnee knirscht unter deinen Schuhen, und die Kälte formt jedes Mal, wenn du ausatmest, kleine Wölkchen. Die Bewegung tut dir gut, und du genießt den Spaziergang an diesem schönen Wintertag.

Atme tief ein und aus.
Ein und aus.
Ein und aus.

Jetzt hast du die Wegbiegung erreicht. Nun wird dir klar, warum auf dem Wegweiser an der Kirche »Oase« stand. Du blickst auf eine liebevoll arrangierte Szene: Hinter einer halbrunden Hecke, die mit Kerzen und Fackeln dekoriert ist, wurde eine Oase geschaffen. Eine Oase der Ruhe inmitten einer winterlichen Idylle. Im Schutz der Hecke befindet sich ein Liegestuhl, auf dem eine dicke, kuschelige Decke und ein weiches Kissen liegen. Auf einem kleinen Tisch neben dem Liegestuhl steht eine Schale mit köstlichen Keksen bereit, und eine Vase mit cremefarbenen Christrosen erwartet dich. Die Blumen duften himmlisch, vorsichtig berührst du ihre zarten Blüten.

Auch eine Teekanne mit heißem Tee steht auf dem Tisch. Das Stövchen brennt, um ihn warm zu halten, und du riechst wunderbar fruchtigen Bratapfel-Tee, als du eine Tasse füllst. Er ist genau das Richtige, um dich aufzuwärmen. Jetzt erst bemerkst du, dass deine Finger kalt geworden sind, und du wärmst sie an der warmen Tasse. Du machst es dir auf dem Liegestuhl bequem, kuschelst dich in die Decke und genießt den leckeren, wohltuenden Tee. Welch ein Luxus an solch einem zauberhaften Ort. Du liegst wohlig warm eingepackt in der Wintersonne mit der dampfenden Tasse Tee in der Hand und nimmst diesen Moment in dich auf. Vom Liegestuhl aus hast du eine atemberaubende Aussicht über das Tal.

Du liegst bequem, und dein Körper entspannt sich immer mehr. Du lässt alles los, alle Muskeln lockern sich, und du fühlst dich wohl. Dein Atem fließt ruhig und gleichmäßig. Dein Herz schlägt ruhig und gleichmäßig. Du bist vollkommen ruhig und entspannt. Du genießt den Moment. Dieser Augenblick ist nur für DICH.

PAUSE

In der Ferne hörst du das Läuten von Kirchenglocken. Du öffnest die Augen und lässt ein letztes Mal deinen Blick über die Winterlandschaft schweifen. Du atmest noch einmal die frische, klare Luft ein und füllst deine Lunge mit dieser reinen und sauberen Luft, als wolltest du sie nach Hause mitnehmen. Du fühlst dich frisch, vital und vollkommen entspannt.
Mit einem warmen Gefühl im Bauch und Dankbarkeit im Herzen machst du dich wieder auf den Weg. Zurück auf den verschneiten Pfad, vorbei an Wiesen, Feldern und an den Rehen. Sie heben den Kopf, als du vorbeigehst, und sehen dich mit großen Augen an. Sie spüren, dass du völlig entspannt und im Reinen mit dir bist, und haben keine Angst vor dir.
Bald bist du am Ende des Weges angekommen und siehst die Kirche und das Dorf vor dir. Es beginnt bereits, zu dämmern, und in den Häusern brennen viele Lichter und Kerzen.

Mache dich langsam auf den Rückweg. Trage diesen bezaubernden Tag für immer in deinem Herzen, und erinnere dich bei jedem heißen Tee an kalten Tagen daran. So kannst du dir in deinem Alltag eine kleine Auszeit schaffen, um abzuschalten und die Ruhe zu genießen.

Notizen:

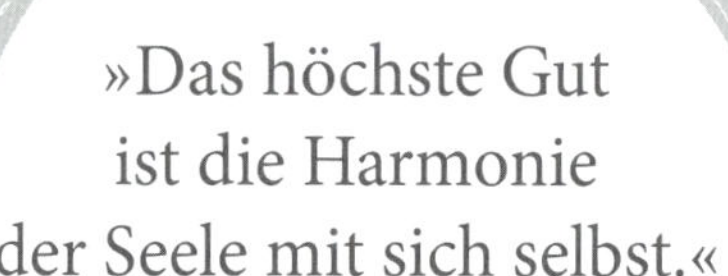

»Das höchste Gut
ist die Harmonie
der Seele mit sich selbst.«

Lucius Annaeus Seneca

Eine himmlische Begegnung

Lesedauer: ca. 4 Minuten

Träume dich in deiner Fantasie auf die Lichtung eines besonderen Waldes. In ihm wachsen hauptsächlich kleine, zierliche Nadelbäume. Die Äste und Zweige der jungen Bäume sind noch zart und weich. Zwischen ihnen wächst samtig-weiches Moos, und Farn wiegt sich im sanften Wind. Es ist ein lauer Sommerabend und angenehm warm. Die untergehende Sonne hat den Himmel orange, lila und rosa eingefärbt und taucht die Lichtung in ein mystisches Licht. Du hörst das Zwitschern von Vögeln und das Rascheln kleiner Tiere im Dickicht.

Du setzt dich ins weiche grüne Gras, um dich auszuruhen. Überall wachsen kleine Blümchen: violette Anemonen, rosafarbene Kornnelken, weiße Lilien und gelbe Butterblumen. Du atmest den aromatischen Duft tief ein und kannst dich gar nicht sattsehen an der Vielfalt der bunten Blumen. Etwas versteckt im Dickicht des Waldes ist eine Igelfamilie auf der Suche nach Essbarem. Eine Vogelmutter bringt unentwegt Futter zu ihrem Nachwuchs. Und direkt vor dir hoppelt ein kleines Kaninchen vorbei. Alles wirkt magisch und verwunschen. Die Stimmung ist so zauberhaft, dass du dich wie in einem Märchen fühlst. Zwischen den Bäumen entdeckst du eine mit Rosen umrankte Statue aus weißem Stein. Es ist die Statue von Pegasus, dem geflügelten weißen Pferd aus der griechischen Mythologie. Die Skulptur fügt sich perfekt in diese romantische Umgebung ein.

Auf dem Rücken trägst du einen Rucksack, den du jetzt absetzt. Du holst deine Fotokamera heraus, um diese atemberaubende Umgebung in Bildern festzuhalten. Mit der Kamera in der Hand wanderst du auf der zauberhaften Waldlichtung umher. Wenn dir ein Motiv besonders gut gefällt, drückst du im richtigen Moment ab. Du bist froh, dass es dir gelingt, das Licht und die Natur so einzufangen, wie sie wirklich sind.
Glücklich schaust du dir die Bilder auf der Kamera eins nach dem anderen an. Plötzlich entdeckst du auf einem Foto einen Engel. Überrascht schaust du auf. Und tatsächlich, dort, neben dem geflügelten Pferd, steht im Himmelslicht ein Engel. Er hat eine beruhigende, sanftmütige Ausstrahlung, und dir wird bewusst, dass das DEIN Engel ist. Dein persönlicher Schutzengel.
Das Himmelswesen kommt langsam auf dich zu, und als ihr direkt voreinander steht, berührt der Engel mit seiner Hand sanft deine Stirn. Sofort beginnt dein ganzer Körper, zu kribbeln. Es fühlt sich an, als würde die gesamte Liebe, das gesamte Glück und alle Energie des Schutzengels auf dich übergehen. Mache dir bewusst, dass dich dieses Wesen jederzeit und überall beschützen wird, es wird dein Leben lang für dich da sein, wann immer du Hilfe oder Halt benötigst. Du bist zutiefst entspannt.

Atme tief ein und aus.
Ein und aus.
Ein und aus.

Du schließt deine Augen. Genieße diesen Augenblick. Einen Augenblick, den man nur einmal im Leben erlebt. Dieser Moment ist nur für DICH.

PAUSE

Als du deine Augen wieder öffnest, ist der Engel verschwunden. Aber seine Liebe und sein Schutz werden stets bei dir sein. In Ruhe packst du deine Kamera wieder ein und verlässt entspannt und glücklich diese magische Lichtung im Wald.

Notizen:

Von der Sonne geküsst

Lesedauer: ca. 8 Minuten

Träume dich in deiner Fantasie in die Karibik. Du befindest dich an einem wunderschönen weißen Sandstrand. Es ist früher Morgen, und außer dir ist noch niemand auf den Beinen. Trotz der frühen Stunde ist es angenehm warm, ein laues Lüftchen weht und streift dir durch die Haare. Du trägst luftige Kleidung, genau das Richtige für einen warmen Sommertag am Meer. Der Himmel über dir ist makellos blau, er scheint mit dem Azurblau des Meeres wetteifern zu wollen. Die Sonne schickt ihre funkelnden Strahlen auf die Wasseroberfläche. Alles blitzt und glitzert atemberaubend und paradiesisch.

Du blickst dich um. Der Strand scheint sich zu beiden Seiten schier endlos auszudehnen. Der Wind hat sanfte Hügel in den Sand geweht. Der Sand ist fast reinweiß und so fein, dass er kaum zu spüren ist. Du lässt die warmen Sandkörnchen durch deine Hände rieseln, es fühlt sich wie ein sanftes Streicheln an.

Du entdeckst Palmen, deren große grüne Blätter sanft im Wind wippen und etwas Schatten spenden. Unter ihnen befindet sich ein kleiner Tisch, auf dem eine geöffnete Kokosnuss steht. Du nimmst dir vor, dich an ihrem köstlichen Wasser zu erfrischen, wenn du dich etwas umgesehen hast.

Du löst die Riemen deiner Sandalen und berührst nun auch mit den Füßen den weichen, warmen Sand. Es ist ein wohltuendes Gefühl, die Zehen tief in den kühlen Boden zu graben und die Sandkörnchen zwischen den Zehen zu spüren. Du richtest deinen Blick zum Meer. Der Ozean liegt ruhig vor dir, nur ein paar kleine Wel-

len schwappen kaum hörbar an den Strand. Vereinzelt schwimmen weiße Schaumkrönchen auf dem sonst makellos blauen Wasser. Als du genauer hinsiehst, erkennst du, dass sich das Meer in verschiedenen Blautönen zeigt. Hier am Strand, wo es flach ist, ist das Wasser glasklar. Etwas weiter weg sieht es herrlich türkis aus, und weit draußen wird das Blau des Meeres immer dunkler. Am Horizont kannst du ein paar Fischerboote entdecken.
In der Luft liegt das unverwechselbare Aroma der Karibik. Eine exotische Kombination aus Salz, Algen und Kokos. Atme diese salzige Luft tief ein, du kannst die lösende und heilende Wirkung in deiner Lunge spüren und das Salz beinahe auf deiner Zunge schmecken.

Atme tief ein und aus.
Ein und aus.
Ein und aus.

Du läufst langsam den Strand entlang zum Meer. Deine Füße hinterlassen Spuren im sonst völlig unberührten Sand. Lege deine Kleidung ab, und gehe voller Vorfreude ins Meer. Tauche vorsichtig deinen großen Zeh in das klare Nass, und teste die Temperatur. Das Wasser ist angenehm warm. Wate etwas weiter hinein, bis du bis zu den Knien im Wasser stehst. Auf dem Grund entdeckst du glatte weiße Steinchen und glänzende perlmuttfarbene Muscheln. Neugierige kleine Fische kitzeln deine Füße.
Du lässt dich nun langsam ins Wasser gleiten. Tauche kurz unter, und mache dann ein paar kraftvolle Schwimmzüge, die dich weiter hinaus aufs Meer bringen. Du drehst dich entspannt auf den Rücken und schaust in den strahlend blauen Himmel. Wenn du den Kopf etwas hebst, blickst du zurück zum paradiesischen Strand. Eine karibische Augenweide bietet sich dir, und du saugst jeden Millimeter davon in dich auf. Genieße die Wärme, die dich umhüllt. Die Wärme des Wassers und der Sonne. Du bist völlig ent-

spannt. Die Wellen wiegen dich sanft. Deine Muskeln und Sehnen sind warm, weich und entspannt. DU bist entspannt.
Nach dem ausgiebigen Bad im Meer beschließt du, zurück zu den Palmen zu gehen, um dich an der Kokosnuss zu erfrischen. Dort angekommen, siehst du eine Hängematte zwischen zwei Palmen.
Du machst es dir in der Hängematte bequem. Als Schutz gegen die Sonne dient dir ein Strohhut. Das Wasser der Kokosnuss ist kühl und schmeckt hervorragend. Der Wind schaukelt dich sanft. Die Palmenblätter werfen Schatten und Muster auf deine Haut. Wenn du nach oben blickst, siehst du den blauen Himmel, die strahlende Sonne und ein paar unreife Kokosnüsse, die an den Palmen hängen. Unter dir befindet sich der feinste Sand, den du jemals gesehen und gespürt hast. Und vor dir liegt der gigantische Ozean mit all seinen Bewohnern. Dieses Fleckchen Natur ist das Paradies.
Du liegst entspannt in der schaukelnden Hängematte und fühlst dich rundum wohl. Die Sonne trocknet deine feuchte Haut und hinterlässt eine feine Salzschicht. Du hörst das Rauschen des Meeres. Stelle dir vor, dass alles, was dich belastet, von den Wellen davongetragen wird. All die schlechten Gedanken und Sorgen finden in der Weite des Meeres ihr Ende. Ein beruhigendes, befreiendes Gefühl.

Atme die Meeresluft ein und aus.
Ein und aus.
Ein und aus.

Dieser Augenblick ist nur für DICH.

PAUSE

Die Sonne hat dich aufgewärmt, und du weißt, dass sich deine Zeit an diesem paradiesischen Ort langsam dem Ende neigt. Du steigst aus der Hängematte und ziehst deine Kleidung an.

Noch einmal schaust du dich um und prägst dir alles ganz genau ein. Und immer, wenn du Sorgen, Ängste oder Kummer hast, hast du die Möglichkeit, dir diese Szene in Erinnerung zu rufen, um alles Negative mit den Wellen auf das Meer hinauszuschicken. Dieser Ort hilft dir, zu entspannen und dich von unguten Gefühlen zu befreien.

Barfuß gehst du den Strand entlang und spürst die Verbundenheit diesem Ort. Wirf einen letzten Blick auf das beruhigende und kraftvolle Meer, und bedanke dich im Stillen bei ihm. Atme den Geruch des Salzwassers, der Algen und den exotischen Duft der Kokosnüsse tief ein und aus, und mache dich gedanklich auf die Heimreise.

Notizen:

»Der wahre Sinn des Lebens besteht darin, seine Unendlichkeit zu erfassen.«

Chinesische Weisheit

Die Welt von oben

Lesedauer: ca. 9 Minuten

Träume dich in deiner Fantasie in eine Wüste. Die Landschaft ist karg, und die Sonne brennt heiß vom makellosen Himmel herab. Du trägst luftige Kleidung, und ein großer Strohhut schützt dich vor den Sonnenstrahlen. Du stehst auf dem sandigen Boden und schaust dich um. Außer einem großen, modern wirkenden Gebäude ist nichts zu sehen. Es ist mit silbergrauen Platten verkleidet, und auf dem Flachdach befinden sich große Antennen, Sonnenkollektoren und gigantische Satellitenschüsseln. Ein solch hochmoderner Bau mitten in der trockenen, staubigen Wüste wirkt fast surreal.

Am Eingang erkennst du einige Personen, die dir zuwinken und dich bitten, näherzukommen. Langsam gehst du zu ihnen und bist neugierig, was das alles zu bedeuten hat. Die sengende Sonne brennt auf deiner Haut, und du bist froh, als du den Schatten des Gebäudes erreichst.

Die Menschen grüßen freundlich und laden dich ein, ihnen in das Innere des großen Bauwerkes zu folgen. Drinnen kommst du aus dem Staunen nicht heraus. Hier sieht es aus wie in einer Forschungsstation, überall befinden sich Computer und große Bildschirme. Männer und Frauen sitzen vor den Computern, geben Daten ein und telefonieren. Es herrscht geschäftiges Treiben.

Du wirst in einen gemütlichen Wartebereich mit weißen Ledersesseln geführt. Dort darfst du dich von der Hitze draußen erholen und dich mit kühlen Getränken erfrischen. Eine freundliche Frau setzt sich zu dir und erklärt, dass du nun die Chance hast, das Abenteuer deines Lebens zu erleben: Sie lädt dich zu einer Reise ins Weltall ein! Du bist überrascht und überwältigt und freust dich sehr über die Einladung, die Erde einmal von oben zu sehen und schwerelos durch das Weltall zu schweben.

Die Frau begleitet dich in einen Nebenraum, in dem du auf den Flug mit der Rakete vorbereitet wirst. Du bekommst einen Raumanzug, einen Helm und die passende Ausrüstung. Nach einer Einweisung bist du bereit. Durch ein großes Schiebetor gelangst du in einen Innenhof. Dir stockt der Atem, als du die riesige Rakete siehst. Sie sieht genau so aus, wie du es dir vorgestellt hast: groß, glänzend weiß und mit gigantischen Triebwerken. Es ist ein unglaubliches Gefühl, zu wissen, dass du damit gleich in den Weltraum fliegen wirst.
Du darfst jetzt einsteigen und dich in dem für dich vorgesehenen Sitz anschnallen. Der Countdown beginnt.

10 – 9 – du bist aufgeregt, aber deine Freude überwiegt.
8 – 7 – du hörst, wie die Triebwerke lauter werden.
6 – 5 – du spürst die unbändige Kraft der Maschinen.
4 – 3 – du atmest tief ein und aus, ein und aus.
2 – 1 – Start!

Du wirst fest in deinen Sitz gedrückt, als die Rakete abhebt und mit zwanzigfacher Schallgeschwindigkeit die Erde verlässt.

Und mit einem Mal ist alles still! Wunderbar still. Genieße es, sei nur in diesem Moment. Im Hier und Jetzt. Dann schaust du aus dem Fenster, und was du siehst, ist unbeschreiblich. Du sichtest unzählige kleine Sterne, und direkt vor dir erstreckt sich dein Heimatplanet – die Erde. Du erkennst das Blau der Meere, das Grün der Wälder und die hell schimmernden Wüsten und hohen Felsmassive. Du bist zutiefst berührt und beeindruckt.

Atme tief ein und aus.
Ein und aus.
Ein und aus.

Du saugst all die schönen Eindrücke in dich auf. Die Schwerelosigkeit bewirkt, dass du vollkommen abschalten kannst. Jeder Muskel, jede Sehne ist völlig entspannt, locker und weich.
Du schnallst dich ab, schwebst zur Tür und öffnest sie. Das funktioniert leicht, und nach wenigen Handgriffen liegt dir der gesamte Weltraum zu Füßen. Du lässt dich aus dem Raumschiff gleiten, stellst aber sicher, dass du durch eine Leine immer wieder einfach zurückkommen kannst.
Du bist völlig allein in absoluter Ruhe und schwebst schwerelos über der Erde. Du kannst die Augen nicht abwenden, so atemberaubend schön ist der Anblick, der sich dir bietet: die Welt in ihrer vollen Schönheit. Wie groß und vielfältig unser Planet ist, jede Lebensform hat auf ihm ihren Platz. Hier oben, in völliger Dunkelheit, wo keine unnatürliche Lichtquelle stört, erkennst du erst, wie wundervoll farbenfroh die Erde ist.

Du gleitest schwerelos durch das Weltall und siehst dir alles ganz genau an. Du kannst schweben, wohin du willst. Vielleicht möchtest du deine Heimat von oben betrachten. Es ist interessant, sie aus so großer Entfernung und aus einer ganz anderen Perspektive zu sehen. Du stellst dir die Menschen vor, die du kennst und liebst, wie sie winzig klein dort unten ihrem Alltag nachgehen und nicht ahnen, dass du hier oben über ihnen schwebst. Von oben wirkt alles klein und belanglos. Alle Ängste, Sorgen und Nöte, alles kannst du hier oben, in Tausenden Kilometern Entfernung, betrachten und neu beurteilen. Dir fällt auf, wie klein und unbedeutend ein einzelner Mensch doch ist. Diese Erkenntnis beruhigt und entspannt dich.

Vielleicht zieht es dich aber auch in die Ferne. An Orte, an denen du noch niemals zuvor gewesen bist, in entlegene Bereiche der Erde. Du kannst von hier oben die Eisfelder und Gletscher der Antarktis bestaunen, die weiten Ozeane und den tropischen Urwald. Die Farbenpracht und die Stille sind traumhaft schön. Nichts und niemand stört dich. Du bist allein in der Weite des Universums, genieße es. Lasse alles los, was dich stört oder bedrückt. Hier oben sind deine Sorgen nicht von Bedeutung. Du lässt dich treiben und bist völlig ruhig und entspannt.

Atme tief ein und aus.
Ein und aus.
Ein und aus.

Nimm dir diese Zeit. Sie ist nur für DICH.

PAUSE

Wenn du alles gesehen hast, verabschiede dich vom Weltall, und schwebe wieder zurück zum Raumschiff. Du blickst dich noch einmal um, und genau in diesem Augenblick schickt die Sonne ihre Strahlen über den Erdball. So etwas Schönes hast du noch nie zuvor gesehen, fasziniert beobachtest du das Schauspiel. Du bist völlig entspannt und fühlst dich wohl. Diese Eindrücke wirst du nie mehr vergessen. Der Gedanke, wie unbedeutend und klein die eigenen Sorgen im Weltall sind, wird dir im Alltag helfen. Denke einfach an die unendliche Weite des Universums, wenn die Probleme des Alltags zu groß werden.

Dann ist die Zeit gekommen, zurückzukehren. Du steigst in dein Raumschiff und schnallst dich auf deinem Sitz fest. Alsdann startet die Rakete in Richtung Erde.

10 – 9 – 8 – 7 – 6 – 5 – 4 – 3 – 2 – 1.

Atme noch einmal tief ein und aus.
Ein und aus.
Ein und aus.

Notizen:

Im Zauberwald

Lesedauer: ca. 11 Minuten

Träume dich in deiner Fantasie in einen kleinen verzauberten Fichtenwald. Es ist ein romantischer Ort im traumhaften Norwegen. Sonnenlicht fällt durch die Baumkronen der Fichten und taucht die Umgebung in ein zauberhaftes, magisches Licht, das glänzt und glitzert, wie du es noch nie zuvor gesehen hast. Staubkörnchen tanzen in der Luft und funkeln wie Diamanten. Der Waldboden ist über und über mit weichem, samtigem Moos bedeckt. Zwischen den Nadelbäumen wächst hellgrüner Farn, dessen lange, feine Blätter sich sanft im Wind wiegen. Die üppige Natur zeigt ihre ganze Pracht und ist voller Kraft und Schönheit. Wohin du auch schaust, überall entdeckst du bunte Blumen, saftige Beeren und zarte Gräser. Jetzt, im Sommer, gibt es viele kleine Blaubeersträucher, deren Zweige über und über mit köstlichen, süßen Beeren behangen sind. Daneben gibt es Walderdbeeren, Preiselbeeren, Himbeeren und Holunderbeeren. Du bewunderst die verschwenderische Fülle von gelben Butterblumen, weißen Gänseblümchen und die im Schatten der Büsche gedeihenden lila Leberblümchen. Du betrachtest die bunte Farbenpracht der Natur und kannst dich gar nicht sattsehen am Reichtum dieser Pflanzenwelt. Zwischen den Baumstämmen schießen Pilze aus dem Boden. Zarte Pfifferlinge, stattliche Steinpilze und auch die rot-weißen Köpfe der giftigen Fliegenpilze.
Als du genauer hinsiehst, entdeckst du kleine Löcher im Waldboden und an den Wurzeln der Bäume. Du kniest dich hin und untersuchst eine Stelle etwas gründlicher. Direkt am Baumstamm befindet sich eine kleine bunte Holztür. Sie ist blau und gelb angemalt und mit filigranen Verzierungen versehen. Du wunderst dich,

beschließt aber, dich ohne Bedenken auf diesen zauberhaften Ort einzulassen. Du öffnest dein Herz für die Welt der Magie. Erlaube dir, dich verzaubern zu lassen von märchenhaften Geschichten und kleinen übernatürlichen Wesen. Lasse dich ins Reich der Trolle, Feen, Elfen und Zwerge führen.
Du setzt dich in das weiche, warme Gras des Waldbodens, schließt die Augen und atmest tief ein. Du nimmst den süßen Wohlgeruch der Blumen und den holzigen Duft der Bäume wahr, du riechst die Pilze, das frische, würzige Aroma der Kräuter und spürst die Sonne auf deiner Haut.

Atme diese waldige Mischung tief ein und aus.
Ein und aus.
Ein und aus.

Genieße diesen Augenblick. Du bist völlig ruhig und entspannt. Lasse mit jeder Ausatmung ein bisschen mehr los. Deine Muskeln und Sehnen werden locker und weich, und du sinkst immer tiefer in diesen Entspannungszustand hinein.

Plötzlich hörst du ein leises Kichern. Zuerst meinst du, dich verhört zu haben, aber da ist es schon wieder. Du öffnest die Augen und kannst kaum glauben, was du da siehst: Vor dir stehen vier kleine Trolle, nicht größer als deine Handfläche. Sie blicken dich an und kichern wieder. Betrachte sie ganz genau. Jeder von ihnen sieht besonders aus. Einer hat lange, zottelige blonde Haare, ein knubbeliges Näschen und trägt eine blaue Latzhose. Ein anderer hat rote Locken, unzählige Sommersprossen auf seiner spitzen Nase und ist nur mit einem langen weißen Überwurf bekleidet. Der Dritte hat eine rote Mütze auf dem Kopf und trägt eine kurze Hose mit Hosenträgern und ein orangefarbenes Hemd. Der vierte Troll hat schwarze Haare, die wild vom Kopf abstehen, und einen langen

Bart. Er trägt ein Gewand aus Blättern und Blüten, und in seiner Hand hält er einen Zauberstab.

Die lustigen Fabelwesen sehen freundlich aus und winken dir zu. Der Troll mit dem langen Bart tritt einen Schritt vor. Er zeigt mit seinem Zauberstab auf dich und murmelt etwas. Aus der Spitze des Stabes kommen Nebel und kleine glitzernde Sterne. Du schließt die Augen, sobald der schimmernde Dunst dich einhüllt. Als du sie wieder öffnest, bemerkst du, dass du geschrumpft und jetzt genauso winzig wie die vier Trolle bist.

Du schaust dich um und bist fasziniert, wie anders die Umgebung aus dieser Perspektive aussieht. Die Bäume wirken übernatürlich groß, auch die Grashalme reichen dir auf einmal bis zum Bauch. Die Pilze sind teilweise so groß wie du, und von einem vorbeihuschenden Kaninchen könntest du dich ohne Probleme tragen lassen. Du erschrickst ein bisschen, als Ameisen an dir vorbeimarschieren, und bewunderst die stattliche Größe einer vorbeischwirrenden Fliege. Es ist ein aufregendes Gefühl, so winzig zu sein. Dir fallen jede Menge kleine Details auf: aus wie vielen Kräuselungen der Moosteppich besteht, wie fein die Lamellen der Pilze sind und welche Vielzahl an Partikeln in der Luft herumschwebt.

Du machst dich mit deinen vier neuen Freunden zu einem gemütlichen Spaziergang auf. Mit neugierigen Augen schaust du umher und lauschst gespannt den Geschichten, die dir die Trolle erzählen. So erfährst du auch, was es mit den kleinen bunten Türen auf sich hat. Es sind die Eingangstüren zu den Wohnungen der Trolle, Elfen und Feen hier im Wald. Die vier Kerlchen beantworten geduldig all deine Fragen.

Auf eurem Streifzug durch den Wald siehst du viele verschiedene Zauberwesen. Da sind zarte, fast durchsichtige Feen, die sich mit ihren weißen Gewändern und goldenen Flügelchen voller Scheu hinter Pilzköpfen verstecken. Schnell aber siegt ihre Neugier, und

sie kommen näher, um dich zu begrüßen. Diese winzigen, zierlichen Wesen mit ihren langen blonden Zöpfen und den makellosen Gesichtchen sind so bezaubernd, dass du deinen Blick kaum von ihnen abwenden kannst. Sie reichen dir die Hand, bevor sie weiterflattern. Die Berührung der Feen ist so zart wie der Flügelschlag eines Schmetterlings. Außer den Feen siehst du auch Zwerge. Das sind lustige Kerlchen mit kurzen Haaren und bunten Hosen. Normalerweise würden sie dir bis zu den Knien reichen, aber nun sind sie ein ganzes Stück größer als du. Sie winken dir zu und wünschen dir viel Spaß in ihrer Welt.
Dann triffst du auf eine Elfe mit großen blasslila Flügeln, spitzen Ohren und einem weißem Blumenkranz auf den hellroten Haaren. Diese Begegnung fasziniert dich, denn von diesem bildschönen, zauberhaften Wesen geht etwas ganz Besonderes aus. Die Aura der zarten Elfe berührt dich zutiefst. Eine sagenhafte Ruhe und Erhabenheit geht von diesem Zauberwesen aus. Es scheint, als ob es von glitzerndem, funkelndem Sternenstaub umgeben ist. Das Elfenmädchen schwebt zu dir und berührt mit ihrer Hand deine Brust. Augenblicklich geht ein Teil ihrer Ruhe auf dich über. Deine Haut prickelt, und du fühlst dich warm, geborgen und ein wenig verzaubert. Völlig entspannt setzt du den Weg mit den Trollen fort.

Auf einer kleinen Lichtung macht eure Truppe eine Rast. Ihr klettert auf einen mit Moos bewachsenen Baumstumpf und ruht euch aus. Die Sonne schickt ihre wärmenden Strahlen herab und taucht die Waldlichtung in ein geheimnisvolles Licht. Du bestaunst all die glitzernden Staubteilchen in der Luft und beobachtest eine Biene, die von Blüte zu Blüte fliegt, um deren Nektar zu sammeln. Deine Trollfreunde haben es sich inzwischen gemütlich gemacht. Sie liegen im weichen Moos und genießen ihre Pause. Auch du lehnst dich jetzt zurück, entspannst dich und schließt die Augen.

Atme tief ein und aus.
Ein und aus.
Ein und aus.

Außer dem Wind in den Baumwipfeln, dem Zwitschern der Amseln und dem gelegentlichen Schnarchen der Trolle sind keine Geräusche zu hören. Alles ist still und unglaublich friedlich. Genieße diesen idyllischen, verzauberten Ort. Dieser Moment ist nur für DICH.

PAUSE

Du hörst ein Rascheln neben dir und öffnest die Augen. Die Trolle haben ihr Päuschen beendet und möchten weiterziehen. Du fühlst dich erholt, entspannt und voller Glück, diesen Zauber erlebt zu haben.
Nun ist deine Zeit in diesem Wald zu Ende, und du bittest den Troll mit dem Zauberstab, dich wieder zurückzuverwandeln. Du bedankst dich bei allen herzlich für ihre Gastfreundschaft und verabschiedest dich von deinen neuen Freunden. Der Bärtige richtet seinen Stock auf dich und murmelt seinen Spruch, woraufhin du wieder von Rauch und glitzernden Sternen eingehüllt wirst. Sekunden später besitzt du wieder deine ursprüngliche Größe, und die kleinen Männchen sind verschwunden.

Du kannst kaum glauben, was du heute hier erlebt hast. Dass eine solch mystische und zauberhafte Welt existiert, hättest du nicht vermutet. Behalte diese Eindrücke für alle Ewigkeit in deinem Herzen. Und immer, wenn du dich klein und unbedeutend fühlst, denke an diese Zauberwelt zurück und an die Dinge, die nur erkennbar sind, wenn man selbst klein ist.

Atme ein letztes Mal tief ein und aus.
Ein und aus.
Ein und aus.

Dann bist du bereit für die Heimreise. Die Feen, Elfen und Trolle begleiten dich auf deinem Weg, auch wenn du sie nicht siehst.

Notizen:

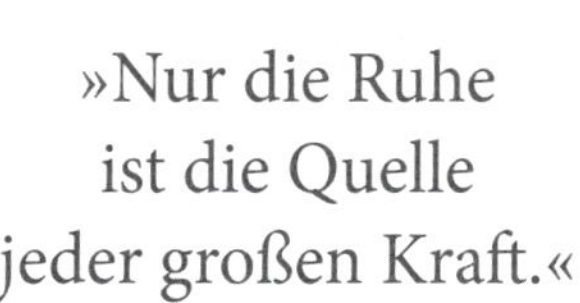

»Nur die Ruhe
ist die Quelle
jeder großen Kraft.«

Fjodor Dostojewski

Die Kraft des Waldes

Lesedauer: ca. 5 Minuten

Träume dich in deiner Fantasie in einen Wald. Es ist ein schöner Frühlingstag, die Sonne scheint, und es ist angenehm warm. Du stehst inmitten hoher Bäume und nimmst den besonderen Geruch des Waldes wahr. Es duftet erdig und feucht, du riechst Moos und frische Blätter. Du atmest tief ein und füllst deine Lunge mit dieser wunderbaren und reinen Luft. Sofort spürst du, dass dir der Sauerstoff guttut und du einen klaren Kopf bekommst. Du kannst das holzige, pilzige Aroma des Waldes fast auf deiner Zunge schmecken.

Du bist völlig allein hier in diesem großen, lichtdurchfluteten Wald. Die hohen Buchen, Eichen und Fichten stehen nicht dicht gedrängt, sondern in angenehmem Abstand, sodass genügend Licht durch die Baumkronen dringt. Es ist ein freundlicher, offener Wald, der dich herzlich begrüßt und zum Verweilen einlädt.
Du schaust dich um und bewunderst die vielen verschiedenen Farben, die die Umgebung dir bietet. Die zarten Blätter des lindgrünen Farns, die hellgrünen Spitzen der Tannen, das kräftige Dunkelgrün des Mooses und das Maigrün der jungen Buchenblätter. Neben den unzähligen Grüntönen erkennst du kleine weiße Blüten von Walderdbeeren am Wegesrand und das wunderbare Violett des Fingerhutes. Eine wahre Farbenpracht! Besonders die Grüntöne beruhigen und entspannen dich. Atme tief ein, und lasse mit der Ausatmung einen Teil deiner Anspannung los. Du beschießt, dem Waldweg zu folgen.

Der Waldboden ist uneben, bei jedem Schritt knirschen kleine Steinchen unter deinen Schuhen. Über dir in den Baumkronen vernimmst du den Ruf eines Eichelhähers. Du hörst das Rauschen des Windes, und ein sanftes Lüftchen streift dein Gesicht und deine Haare. Die Bäume strahlen Ruhe und Kraft aus. Du suchst dir den schönsten Baum aus und trittst an ihn heran. Nun berührst du seine raue Rinde. Sie ist von der Sonne erwärmt und fühlt sich angenehm an. Als deine Hand den Stamm berührt, spürst du die unbändige Kraft, die in dem Baum pulsiert. Dieser Baum hat schon viel erlebt, in ihm steckt das Leben. Plötzlich hast du das Bedürfnis, diesen starken, lebendigen Baum zu umarmen.
Du umfasst den Stamm so gut es geht und schmiegst deine Wange an die raue Rinde. Dann schließt du die Augen und fühlst das Pulsieren im Inneren des Baumes. Du spürst die Energie!
Die Umarmung hat etwas sehr Beruhigendes. Dein Herz schlägt ruhig und gleichmäßig. Deine Atmung ist ruhig und gleichmäßig.

Atme tief ein und aus.
Ein und aus.
Ein und aus.

Lasse mit einer besonders tiefen Ausatmung alle Anspannung aus deinem Körper entweichen. Du bist jetzt völlig ruhig und entspannt und umarmst noch immer den Baum. Genieße die Stille und das Waldgefühl. Nimm dir Zeit dafür. Dieser Moment ist nur für DICH.

PAUSE

Langsam wird es Zeit, dich von deinem Baum zu lösen. Spüre ein letztes Mal seine Energie, und bitte ihn, dir einen Teil davon zu übertragen. Nimm sie in dich auf, und bedanke dich bei deinem Energiespender für dieses Geschenk. Wann immer du das Gefühl hast, ausgelaugt oder kraftlos zu sein, schöpfe aus dieser Quelle neue Energie. Dein Baum ist ein Leben lang für dich da.

Atme tief ein und aus.
Ein und aus.
Ein und aus.

Beschwingt und mit dem Waldwunder im Herzen trittst du den Heimweg an.

Notizen:

Winterliche Bergwelt

Lesedauer: ca. 8 Minuten

Träume dich in deiner Fantasie in eine Winterlandschaft in den Bergen. Alles ist mit strahlend weißem Schnee bedeckt, eine Welt wie in Zuckerwatte gehüllt, die in der Sonne magisch glitzert. Um dich herum erheben sich gewaltige Berge mit schroffen Felsen, hohen Spitzen und tiefen Tälern. Auf dem höchsten der Berge, ganz weit oben, kannst du ein Gipfelkreuz erkennen. Vereinzelt stehen Tannen in der sonst recht kargen Landschaft. Die Äste hängen durch das Gewicht des Schnees, das auf ihnen lastet, weit nach unten. Am Himmel ziehen zwei Steinadler auf der Suche nach Futter ihre Kreise. Es ist ein frostiger Wintertag, aber du bist für dieses Schneevergnügen passend angezogen. Du trägst eine warme Jacke, Handschuhe, Schal, Mütze und gefütterte Wanderstiefel. An der Sohle der Stiefel sind Spikes befestigt, sodass du auf den eisigen und verschneiten Wanderwegen einen sicheren Tritt hast. Eine große Sonnenbrille schützt deine Augen vor den Sonnenstrahlen.

Unten im Tal liegt ein kleines Dorf. Du erkennst schneebedeckte Häuser, kleine Straßen und enge Gässchen, und auf einem zugefrorenen See siehst du einige Kinder, die vergnügt Schlittschuh laufen. Unter anderem erkennst du den Marktplatz und die Kirche des Ortes. In einigen Häusern brennt bereits Licht, und aus den Schornsteinen steigt Rauch auf. Du bist so weit entfernt, dass du keinerlei Geräusche aus dem Dorf wahrnehmen kannst. Außer den Rufen einiger Vögel ist alles still und friedlich. Du stehst hier oben auf dem Berg und betrachtest die Szenerie.

Dein Atem geht ruhig und gleichmäßig. Du atmest ein und saugst die klare Schneeluft tief in dich hinein. Du riechst die frische Luft, den harzigen Duft der Nadelbäume. Die Sonne steht tief am Horizont und ist kurz davor, unterzugehen. Du darfst nun einem ganz bezaubernden Naturschauspiel beiwohnen, dem Alpenglühen. Während das Tal bereits im Schatten liegt, leuchten die Spitzen der Berge von der untergehenden Sonne orangerot. Es sieht aus, als würden die Gipfel glühen. Ein faszinierender Anblick. Du stehst regungslos inmitten dieser wunderschönen Natur. Genieße den Moment.

Wenige Augenblicke später ist das Schauspiel vorbei, die Sonne ist untergegangen, und es beginnt, zu dämmern. Du folgst dem Weg, auf dem du dich befindest, weil du weißt, dass hinter der nächsten Biegung eine kleine Berghütte auf dich wartet. Schon von Weitem erkennst du, dass in dem Häuschen Licht brennt und dass dünner Rauch aus dem Schornstein aufsteigt. Es wirkt heimelig und einladend. Brennende Fackeln säumen den Weg zur Haustür. Du beginnst allmählich, zu frösteln, und bist erleichtert, dich gleich etwas aufwärmen zu können. An der Hütte angekommen, klopfst du den Schnee von deinen Stiefeln, ziehst deine Handschuhe aus und öffnest die Tür.

Im Flur legst du deine klammen Kleidungsstücke ab. Als deine Augen sich an das schummrige Licht gewöhnt haben, verschlägt es dir fast den Atem, so wundervoll ist es im Inneren dieser kleinen Hütte, die nur einen Raum hat. Der zentrale Punkt ist der große, Kamin, in dem ein Feuer brennt. Vor diesem steht ein alter, aber gemütlich wirkender Sessel, auf dem kuschelige Kissen liegen, und davor ein Fußschemel mit ein paar Decken.

An den Wänden hängen kleine Geweihe und Zeichnungen von Murmeltieren, Füchsen, Rehen und Schneehasen. Die Einrichtung ist rustikal, aber sehr gemütlich. Der rot-weiß karierte Läufer passt perfekt zu den Vorhängen an den Fenstern. Der Dielenboden ist an manchen Stellen abgenutzt, und die Holzbretter knarzen, wenn du darüber läufst.

Auf dem Herd steht ein Kessel mit heißem Wasser. Im Buffetschrank daneben befinden sich Tassen, Teller und verschiedene Tees. Du nimmst dir einen Beutel mit Kräutertee aus der Dose, hängst ihn in eine Tasse und gießt heißes Wasser darüber. Solange der Tee zieht, schaust du dich weiter um. In einer Ecke steht ein altes Radio, und ein selbst gebautes Regal ist gefüllt mit abgegriffenen Büchern und alpinen Bildbänden. Neben der Tür hängt ein Fernglas. Überall stehen Kerzen. Du findest Streichhölzer und zündest sie an.

Dein Tee ist nun fertig, und du gehst mit der dampfenden Tasse in der Hand zum Sessel vor dem Kamin. Neben diesem steht ein kleiner Tisch, auf dem du dein Getränk abstellen kannst. Du wickelst dich in eine Wolldecke, setzt dich in den bequemen Lehnsessel und sinkst in die weichen Kissen, deine Beine bettest du auf den Schemel. Herrlich! Du wärmst deine Hände an der Teetasse, und nach dem ersten Schluck des köstlichen Kräutertees spürst du die wunderbare Wärme, die sich in dir ausbreitet. Du riechst die würzigen Kräuter, das holzige Aroma des Kaminfeuers und den Duft der Kerzen. Außer dem Prasseln und Knacken des Feuers ist kein Geräusch zu vernehmen. Du bist allein hier, genieße es.

Du schaust ins Feuer und beobachtest die Flammen, wie sie mal wild hochschlagen, dann wieder ganz klein und ruhig sind. Eine stetige Veränderung. Während du das Feuer betrachtest, spürst du, dass du ganz ruhig und entspannt bist. Dein Körper liegt warm und schwer im Sessel, dein Herzschlag ist ruhig und gleichmäßig, und du merkst, wie auch dein Atem ruhig und gleichmäßig kommt und geht.

Kommt und geht.

Kommt und geht.

Du genießt die Wärme, die dich umgibt, und denkst an die eisige Kälte, die draußen mittlerweile herrscht. Du kuschelst dich noch ein wenig tiefer in deine Decke und nimmst noch einen Schluck des köstlichen Tees. Deine Gedanken kommen zur Ruhe und drehen sich immer langsamer. Bis du sie gar nicht mehr wahrnimmst. Du konzentrierst dich auf das Feuer und die Figuren, die die Flammen formen. Du bist völlig entspannt. Genieße diesen Moment, denn er ist nur für DICH.

PAUSE

Das Feuer ist heruntergebrannt und die Zeit des Aufbruchs gekommen. Du trinkst einen letzten Schluck Tee, stellst die Tasse in die Spüle und löschst die Kerzen, die du angezündet hast. Deine Kleidung ist in der Zwischenzeit trocken und warm geworden, und du ziehst sie wieder an. Du atmest noch einmal den dir mittlerweile vertrauten Geruch der Hütte ein und verlässt entspannt dein Quartier.

Nimm die friedliche Stimmung, die Wärme und die beruhigende Wirkung des Feuers in deinem Herzen mit, und erinnere dich an den Ausflug in die Berghütte, wann immer du dich nach Wärme, Geborgenheit und Schutz sehnst.

Notizen:

»Tritt hinaus in
das Licht der Dinge.
Lass die Natur
dein Lehrer sein.«

William Wordsworth

Herbstzauber im Wald

Lesedauer: ca. 6 Minuten

Träume dich in deiner Fantasie in ein kleines Dorf an einem kalten und diesigen Herbsttag. Es ist noch früh am Morgen, und der Nebel liegt tief über dem Boden. In der Nacht hat es geregnet, du spürst die Feuchtigkeit in der Luft, und wenn du dich konzentrierst, hörst du, wie die Erde durch den vielen Regen ganz leise blubbert und gluckst. Der Nebel ist so dicht, dass du nichts und niemanden siehst. Kein Mensch, kein Haus und keine Bäume. Genieße das Gefühl, ganz allein in den Nebelschwaden zu stecken. Du trägst eine wärmende Jacke, einen Schal und bequeme Wanderstiefel.

Eine eigenartige Spannung liegt in der Luft. Du verspürst den Drang, dem Ruf des Waldes zu folgen. Es ist, als würde er dich bitten, ihn zu besuchen. Die Frische tut dir gut, und du wanderst bergauf in Richtung des Waldes. Du gehst durch den Nebel und fühlst dich, als würdest du durch eine Zaubertür gehen. Nach jedem Schritt schließt sich eine Nebeltür hinter dir, und es ist, als wärst du nie dort gewesen. Ein wenig unsichtbar hast du dich in den letzten Tagen auch selbst gefühlt. Du hast dein Strahlen verloren, und nun begibst du dich auf den Weg, es wiederzufinden. Du steigst den Berg weiter hinauf, und mit jedem Schritt wird der Nebel ein wenig lichter. Du drehst dich um und schaust auf den Weg zurück, den du gekommen bist, auf das, was du schon geschafft hast. Es sieht aus, als würden die Nebelschwaden das Tal zudecken. Bei jeder Ausatmung verwirbelt sich dein Atem mit der kalten Morgenluft des Waldes.

Atme tief ein und aus.
Ein und aus.
Ein und aus.

Konzentriere dich auf das, was du hören kannst. Alle Geräusche erscheinen dir gedämpft. Der Ruf einer Eule, vereinzelte Regentropfen, die von den Blättern fallen, und auch dein eigener Herzschlag fühlt sich dumpf an.
Dein Weg zum Wald führt dich vorbei an hohen Mauern aus gestapelten Baumstämmen und an Wegweisern. Der Nebel wir immer dünner, und du kannst von Meter zu Meter mehr von deiner Umgebung erkennen. Achte auf deine Atmung, gehe jeden Schritt bewusst, und denke an die letzten Tage zurück. An alle Ereignisse, die dich nicht vorangebracht haben, die dich unzufrieden haben sein lassen. Oder ungeduldig und gereizt. Mit jedem Meter lässt du diese Dinge hinter dir im Nebel zurück. All das ist nicht mehr wichtig. Du spürst mit jedem Schritt, den du machst, Klarheit und Licht in dir.
Der Nebel hat sich nun fast vollständig aufgelöst, und vor dir breitet der Wald seinen Herbstzauber für dich aus. Er hat nur für dich sein schönstes Herbstkleid angezogen, das Laub leuchtet im Sonnenlicht in den schönsten Tönen. Die rote, orange und gelbe Farbenpracht ist ein Fest für die Augen. Du läufst durch das raschelnde Laub am Waldrand und befühlst die rauen Blätter. Du riechst den erdigen Duft des Waldes, hörst das Singen der Vögel, die hiergeblieben und nicht gen Süden geflogen sind. Sie singen ihr Lied nur für dich. Der leichte Wind löst hier und da ein Blatt vom Baum und lässt es tanzend zu Boden segeln. Du bückst dich, um einige Kastanien zu sammeln, und berührst ihre glatte Oberfläche. Nun suchst du dir eine besonders schöne aus, um sie als Erinnerung mit nach Hause zu nehmen.

Du riechst den erdigen, harzigen Geruch des Waldes und saugst ihn tief in dich hinein. Dann entdeckst du eine Bank zwischen den Bäumen am Waldrand. Du setzt dich auf die sonnengewärmte Sitzfläche und genießt den Ausblick auf das Dorf. Du beobachtest, wie sich die allerletzten Nebelschleier verflüchtigen. In deiner Hand hältst du die glänzende, glatte Kastanie. Du umfasst die Frucht und streichelst sie so sanft, wie du deine Seele streicheln würdest. Die Sonne wärmt dein Gesicht, und du schließt deine Augen. Der Wind streicht dir sanft durchs Haar und weht dir eine Prise Herbst in die Nase. Du hörst das Rascheln des Laubes, riechst den erdigen Duft, spürst die glatte Kastanie und fühlst den Wind im Gesicht. Atme tief durch. Du bist angekommen. Angekommen in der Natur und in dir. Genieße diesen Moment. Er ist nur für DICH.

PAUSE

Die Hand, in der du die Kastanie hältst, ist ganz warm geworden. Es scheint, als wolle dir diese Frucht Wärme, Schutz und Kraft schenken. Noch einmal betrachtest du den Wald, genießt die Farbenpracht des Blätterkleides und atmest den angenehmen Duft tief ein. Die Kastanie nimmst du als Glücksbringer und Energiespender mit.

Voller neuer Energie und Lebensfreude gehst du den Weg bergab. Wann immer du dich farblos, klein oder unbedeutend fühlst, kannst du gedanklich deine Kastanie in die Hand nehmen und spüren, wie viel Kraft in dieser kleinen Frucht steckt und wie gut dir der Ausflug in den bunten, lebendigen Wald getan hat.

Notizen:

Im Land von Feuer und Eis

Lesedauer: ca. 7 Minuten

Träume dich in deiner Fantasie auf eine Insel weit im Norden, nach Island. Die raue Landschaft fasziniert dich. Neugierig schaust du dich um und bemerkst saftige grüne Wiesen, sanfte Hügel und einige Bäume. Häuser oder gar ein Dorf sind weit und breit nicht zu sehen. Hinter dir liegt in einiger Entfernung das Meer. Natur pur.
Es ist ein außergewöhnlich schöner Sommertag, die Sonne scheint angenehm vom blauen Himmel herab und wärmt dich. Du trägst trotz des sonnigen Wetters eine Jacke, denn die Sommer im Norden sind kühl. Dir ist warm, und du fühlst dich wohl. Du bist glücklich, dass du ganz allein diese schöne und unberührte Natur erkunden darfst. DU bist dir genug.

Du atmest die klare, frische Luft tief ein und aus.
Ein und aus.
Ein und aus.

Ein sanftes Lüftchen weht über die Insel. Du kannst das salzige Meer in der Luft riechen. Außerdem nimmst du noch einen anderen, dir unbekannten Geruch wahr. Du schnupperst noch einmal und beschließt, der sonderbaren Geruchsspur zu folgen.
Dein Weg führt in Richtung Küste. Er leitet dich über steinige Landschaften und grüne Wiesen, auf denen du zahlreiche Schafe grasen siehst. Ihr Fell ist dick und zerzaust, und es fühlt sich rau an, als du eines der Tiere streichelst. Sie nehmen kaum Notiz von dir,

denn sie spüren, dass von dir keine Gefahr ausgeht. Du beobachtest die wolligen Tiere einen Augenblick und bewunderst ihr meditatives Grasen. Ihr ruhiges Mähen begleitet dich auf deinem Weg zur Quelle des fremdartigen Geruchs. Du scheinst auf dem richtigen Weg zu sein, denn der seltsame Geruch wird stärker. Als du über eine kleine Kuppe kommst, siehst du das Meer vor dir. Ruhig und glatt liegt es da. Die Sonne spiegelt sich auf der ebenmäßigen Oberfläche.

Atme tief ein und aus.
Ein und aus.
Ein und aus.

Es ist ein erhebendes Gefühl, an der Klippe zu stehen und auf die Weite des Ozeans zu schauen. Du bist glücklich und frei. Jetzt bemerkst du ein paar Meter von dir entfernt Papageientaucher. Die kleinen, lustigen Vögel mit ihren dreieckigen roten Schnäbeln sind emsig mit dem Nestbau beschäftigt. Du bleibst einige Minuten stehen und beobachtest sie. Die Sonne scheint dir dabei ins Gesicht, du schließt kurz die Augen und genießt die Wärme auf deiner Haut. Wenn du so weit bist, gehe weiter, um dem Geheimnis des mittlerweile intensiveren Geruchs, der ein bisschen an Schwefel erinnert, auf die Spur zu kommen. Du läufst an der Klippe entlang, um einen Felsen herum, und dann lüftet sich das Geheimnis des Duftes – Geysire. Du blickst über ein weites Feld mit unzähligen runden Wasserstellen, aus denen in regelmäßigen Abständen heiße Wasserfontänen spritzen.
Ein wahres Naturspektakel!

Fasziniert beobachtest du dieses Ereignis. Du spürst den warmen Wasserdampf, riechst den Schwefel und hörst, wie das Wasser plätschert und sprüht. Solch eine wunderschöne Naturgewalt hast du noch nie gesehen. Die Kraft des Wassers und der Natur überträgt sich langsam auch auf dich. Du fühlst dich stark, voller Energie und Lebensfreude. Du bist glücklich und stolz, dass du solch einem Schauspiel beiwohnen darfst.

Ein paar Meter entfernt entdeckst du ein kleines Schild mit der Aufschrift »Badestelle«. Neugierig folgst du dem Pfeil auf dem Wegweiser und gelangst tatsächlich zu einer Wasserstelle, die sich zum Baden eignet. Es sieht aus wie eine kleine Lagune direkt an den Klippen. Das Becken ist gefüllt mit warmem, dampfendem Wasser und wird unerlässlich aus den heißen Quellen gespeist. Ein Naturbadesee nur für dich.

Keine Menschenseele ist zu sehen. Alles ist ruhig, der Himmel ist makellos blau. Die Badestelle sieht verlockend aus, und du hast große Lust, dich im warmen Wasser treiben zu lassen. Du gibst der Verlockung nach, entkleidest dich und sinkst in das angenehm warme Wasser. Du seufzt wohlig auf. Die Temperatur ist genau richtig. Genießerisch streckst du dich aus und schaust über das weite Meer, während du dich mit den Armen am Beckenrand abstützt. Vor dir liegt der schier endlose Ozean in all seiner Schönheit. Du lässt dich treiben und nimmst diese wunderschöne Szenerie in dich auf. Herrlich! Das warme Wasser und die atemberaubende Landschaft, die Einsamkeit und die Ruhe entspannen dich vollkommen. Deine Atmung und dein Herzschlag sind völlig ruhig und gleichmäßig. Du fühlst dich wohl. Lasse Körper und Geist treiben, alle Gedanken, Sorgen und Anspannungen lösen sich auf, und du bist völlig entspannt. Das schwefelhaltige Wasser trägt dich, du musst nichts tun. All deine Muskeln und Sehnen werden durch die Wärme locker und weich, und du fühlst dich, als würdest du schweben. Genieße diesen Zustand für einige Minuten. Diese Zeit ist nur für DICH.

PAUSE

Wenn du spürst, dass die Zeit gekommen ist, atmest du tief ein und aus und steigst langsam aus dem Wasserbecken. Du wickelst dich in ein großes, flauschiges Handtuch, das plötzlich neben deiner Kleidung liegt. Wenn du trocken und wieder angezogen bist, trittst du den Rückweg an. Du schaust dir noch einmal das Sprudeln der Geysire an und gehst dann den Weg zurück. Vorbei an den Papageientauchern und an den Wiesen, auf denen die Schafe noch immer friedlich grasen. Du wirfst einen letzten Blick auf das ruhige Meer. Die untergehende Sonne berührt genau in diesem Moment den Horizont. Der Himmel über dem Ozean ist in ein wunderschönes Orange getaucht.

Atme tief ein und aus.
Ein und aus.
Ein und aus.

Bewahre diesen Anblick für alle Zeit in deinem Herzen. Wann immer du dich im Alltag kraftlos fühlst, rufe dir die Kraft und die Energie der Geysire ins Gedächtnis. Die Erinnerung daran wird dir helfen, neue Energie zu schöpfen.

Notizen:

»Der Weg
zu allem Großen
geht durch die Stille.«

Friedrich Wilhelm Nietzsche

Magische Lichter

Lesedauer: ca. 6 Minuten

Träume dich in deiner Fantasie an den nördlichsten Zipfel Schottlands, in die Nähe der Küste. Du bist abseits jeder Zivilisation, Ruhe und die pure Natur umgeben dich. Es ist eine kühle, tiefschwarze Nacht, unzählige Sterne blinken am Himmel. Der weite Horizont ist wolkenlos und klar, und der Mond ist nur als Sichel am unendlichen Himmelszelt zu erkennen und spendet kaum Licht. Wenn du nach oben schaust, siehst du nichts als Sterne. Sterne, so weit das Auge reicht. Wunderschön.

Atme die wunderbar kalte und klare Winterluft tief ein und aus.
Ein und aus.
Ein und aus.

Es ist sehr kalt so weit oben im Norden. Doch ein wärmender Daunenmantel, eine gefütterte Hose und Winterstiefel halten dich warm. Auch eine dicke Mütze, ein Schal und Handschuhe schützen deinen Kopf und deine Hände vor der Kälte. Du genießt es, dick eingepackt in der kalten schwarzen Nacht zu sein.
Du hörst keinerlei Geräusche. Wo sonst das Rufen und Kreischen der Möwen zu hören ist, ist es in der Nacht völlig ruhig und still. Du schließt die Augen und genießt diese Stille. Eine Stille, die es im Alltag nur selten gibt. Eine Stille, die dem Körper und der Seele guttut. Du spürst, wie du dich nach und nach entspannst. Du bist ganz bei dir und musst nichts tun.

Du weißt, dass sich unweit von dir eine Steilküste befindet. Der Schnee knackt unter deinen Schuhen, als du dich sicheren Schrittes und im Schein der Sterne auf den Weg in Richtung Küste machst. Nach einem kurzen Spaziergang erreichst du die Klippen. Die schroffen Felsen fallen tief ab, und direkt unter dir liegt die weite, raue See. Du lauschst, wie die kraftvollen Wellen in regelmäßigen Abständen an die Felsen klatschen. Die Felsen sind ausgehöhlt und geschliffen vom Wasser, das hier seit Jahrtausenden seine Urkraft walten lässt. Du nimmst die Kraft des Meeres und des Windes wahr.

Atme die salzige Luft tief ein und aus.
Ein und aus.
Ein und aus.

Du hörst das Rauschen der Wellen, riechst die frische, salzhaltige Luft, spürst den Wind und siehst die unbeschreibliche Schönheit, die der Sternenhimmel dir bietet. Du bist inmitten der puren Natur und fühlst dich als ein Teil von ihr.
Du bist hierhergekommen, weil du dir ungestört einen Lebenstraum erfüllen möchtest. Den Traum, einmal in deinem Leben die Magie der Nordlichter zu erleben. Ein unvergleichliches Naturschauspiel, das du bisher nur von Fotos kennst und das du nun endlich mit eigenen Augen betrachten möchtest.
Du spürst, dass es jetzt bald so weit ist. Und tatsächlich siehst du im nächsten Moment einen grünlich schimmernden Lichtbogen, der sich von Osten nach Westen erstreckt. Ein magisches Grün. Ein Grün, das du so noch nie gesehen hast. Es erinnert dich ein wenig an die Farbe eines Smaragdes. Du schaust weiter gebannt in den sternenklaren Nachthimmel. Weitere Lichtbogen erscheinen und verändern ständig ihre Farbe und Form. Das grüne Band schlängelt sich dahin, verwandelt sich in einem Strahlenkranz. Du siehst mystische, wunderschöne Schleier, Bögen und Strahlen, die Lich-

ter formen sich zu Spiralen und fantastischen Formen. Die Farben wechseln zwischen Grün, Gelb, Lila, Rosa und Orange. Es ist einfach wunderschön. Märchenhaft. Du betrachtest diese grandiose Szenerie, genieße diesen Augenblick. Dieser Moment ist nur für DICH.

PAUSE

Als der Himmel langsam heller wird, werden die Polarlichter schwächer. Das Spektakel ist für diese Nacht vorbei.

Atme noch einmal tief ein und aus.
Ein und aus.
Ein und aus.

Du bist zutiefst berührt und ergriffen, dass sich dein Herzenswunsch erfüllt hat und du dieses zauberhafte Ereignis erleben durftest. Es war noch schöner und faszinierender, als du es dir erträumt hast. Du bist sehr glücklich darüber, dass sich dein Traum erfüllt hat. Dieses Gefühl des Glücks und des Stolzes wird dich dein weiteres Leben lang begleiten. Das Gefühl, dass du stark bist und alles erreichst, wovon du träumst. Du machst dich entspannt und innerlich gestärkt auf den Heimweg, die heutige Nacht tief im Herzen.

Notizen:

Zwischen Orchideen und Räucherstäbchen

Lesedauer: ca. 5 Minuten

Träume dich in deiner Fantasie in einen exotischen japanischen Garten. Es ist ein schöner Spätsommertag, und die fernöstliche Natur präsentiert ihr schönstes Sommerkleid. Die Sonne scheint angenehm warm vom Himmel herab und wärmt dich. Zum Schutz gegen ihre Strahlen trägst du einen landestypischen, kegelförmigen Strohhut. Es weht ein leichter und warmer Wind, der deine luftige Kleidung flattern lässt. Du streckst die Nase in die Luft.

Atme tief ein und aus.
Ein und aus.
Ein und aus.

Du schaust dich um. Dieser Garten ist anders als die Gärten, die du kennst. Hier hat alles seine Ordnung und folgt einer Struktur, und einzelne Bereiche sind bestimmten Themen zugeordnet. Du beschließt, dir diesen japanischen Garten genauer anzusehen. Du erkennst einen Steingarten, einen Wassergarten und einen Bereich, der über und über mit exotisch blühenden Blumen bepflanzt ist. Du kannst deinen Blick kaum von der üppigen Blütenpracht abwenden. Da stehen die auffälligen Krötenlilien mit ihren weiß-lila Blüten, pinke Azaleen, zartrosa Nelkenkirschen, weiße Orchideen, lila Hortensien und pfirsichfarbene Zierquitten. Unzählige Bienen und Schmetterlinge laben sich am süßen Nektar der exotischen Blumen. Diese Pracht ist von rotem Ziergras, weiß-grün gestreiftem Zebragras und orangefarbenem Chinaschilf umgeben. Alles ist von großen japanischen Ahornbäumen gesäumt. Ein wahres Farbspektakel. Du schließt die Augen und atmest den blumigen und betörenden Duft der Pflanzen tief ein.

In der Ferne hörst du den Hall einer Klangschale. Du folgst dem Klang durch den Garten, vorbei an hohen Bambuspflanzen, bis du auf einem kleinen gepflasterten Platz vor einem buddhistischen Tempel stehst. Der Tempel ist rechteckig und hat zwei Stockwerke. Es sieht aus, als hätte jede Etage ein eigenes Dach. Du hast solche Gebäude schon einmal in Bildbänden gesehen, in natura aber wirkt dieses Haus noch viel beeindruckender. Es scheint sehr alt zu sein und strahlt eine tiefe Ruhe und Kraft aus.
Auf dem kleinen Platz, auf dem du dich befindest, begegnest du einigen buddhistischen Mönchen. Sie laden dich ein, ihrer Meditation beizuwohnen. Du freust dich und nimmst das Angebot dankend an. Das ist jetzt genau das Richtige für dich.
Du gehst mit den Mönchen ins Innere des Tempels. Vor der Tür ziehst du deine Schuhe aus und folgst den Männern eine Treppe hinauf in die zweite Etage. Das gesamte Stockwerk umfasst einen einzigen großen, lichtdurchfluteten Raum. Die Fenster sind weit geöffnet, sodass frische Luft hereinfließt und ein leichter Luftzug durch den Saal wehen kann.
Die Wände sind mit Bildern und Schriftzeichen geschmückt, und unzählige Vasen mit Orchideen stehen auf dem Boden. In jeder Ecke brennen Kerzen und Räucherstäbchen, und du siehst eine große goldene Buddha-Figur. Auf dem Holzboden liegen Meditationskissen. Einer der Mönche weist dir einen Platz zu. Vor deinem Kissen bleibst du stehen und verbeugst dich mit gefalteten Händen, so, wie es die Mönche neben dir auch tun. Anschließend nimmst du auf dem Kissen Platz und verschränkst die Beine zum Lotossitz. Deine Hände liegen in deinem Schoß, die linke Hand in der rech-

ten, die Daumen berühren sich sanft. Der Ton einer Klangschale erklingt dreimal, und du schließt deine Augen. Atme ruhig und tief. Der betörende Duft von Orchideen und Räucherstäbchen hilft dir, dich zu entspannen. Lasse deinen Atem kommen und gehen, wie er möchte, beobachte nur. Alle Geräusche um dich herum treten in den Hintergrund, du bist ganz bei dir. Deine Gedanken haben aufgehört, sich zu drehen, setze sie auf eine Wolke, und lasse sie davonziehen. Alles, was in der Vergangenheit war, ist vorbei, und was in der Zukunft kommen wird, ist momentan nicht wichtig. Nur dieser Moment im Hier und Jetzt ist bedeutsam. Du sitzt ruhig und entspannt in diesem alten japanischen Tempel und bist ganz bei dir. Nur du und dieser Moment zählen. Du genießt diesen Augenblick, denn er ist nur für DICH.

PAUSE

Deine Atmung, dein Herzschlag und deine Gedankenwelt sind völlig ruhig. Als die Meditationszeit zu Ende ist, hörst du von weit her den Klang der Klangschale, dreimal. Langsam, ganz langsam kommst du wieder zu dir.

Atme tief ein und aus.
Ein und aus.
Ein und aus.

Nun bist du bereit, die Augen zu öffnen. Eine tiefe Ruhe und Zufriedenheit umhüllen deinen Körper und stärken deinen Geist. Die Mönche verbeugen sich kurz vor der Buddha-Statue, bevor sie den Raum verlassen. Du tust es ihnen gleich und bedankst dich im Stillen bei Buddha und den Mönchen für dieses prägende spirituelle Erlebnis. Du gehst wieder hinaus, wanderst noch einmal durch den Garten und verabschiedest dich so von der Blumenpracht.

Du kannst dir die Erlebnisse im Tempel immer wieder in Erinnerung rufen, wenn du eine kleine Auszeit benötigst. Stelle dir den Duft der Orchideen vor, oder entzünde ein Räucherstäbchen, und lasse deine Gedanken treiben. Das funktioniert im Alltag wunderbar, nur wenige Minuten reichen schon aus.

Notizen:

»Wir sind,
was wir denken.
Alles, was wir sind,
entsteht aus unseren
Gedanken. Mit unseren
Gedanken formen wir
die Welt.«

Buddha

Gute Wünsche in der kalten Nacht

Lesedauer: ca. 5 Minuten

Träume dich in deiner Fantasie auf einen Berg in den Alpen. Es ist eine kalte, klare Winternacht. Die Tage sind kurz und die Nächte lang. Die Temperaturen liegen um den Gefrierpunkt, und es hat den ganzen Tag ausgiebig geschneit. Alles um dich herum sieht aus, als ob es mit Puderzucker überzogen worden wäre. Hier oben auf dem Berg, wo außer dir keine Menschenseele ist, ist der Neuschnee völlig rein und unberührt. Hier und da fällt feiner Schnee von den kahlen Ästen, und die Eiskristalle glitzern im Mondschein. Du ziehst deine Handschuhe aus und berührst den feinen, weichen Schnee. Es fühlt sich an, als würdest du eine Wolke berühren. Bevor deine Finger von der Kälte rot und steif werden, ziehst du deine Handschuhe schnell wieder an. Eine Winterjacke, einen selbst gestrickten Schal, eine Mütze und gefütterte Winterschuhe halten dich trotz der Kälte angenehm warm.

Hier oben auf dem Berg herrscht absolute Ruhe, kein Geräusch stört diese Nacht. Bei jeder Ausatmung bilden sich kleine Wölkchen vor deinem Mund. Du atmest die kalte, eisklare Luft tief in deine Lunge ein, und dein Körper wird mit wohltuendem Sauerstoff geflutet. Jede Zelle wird mit der reinen Energie der Bergluft versorgt. Nimm ganz bewusst einige tiefe Atemzüge.

Atme tief ein und aus.
Ein und aus.
Ein und aus.

Du blickst in den klaren Sternenhimmel und suchst das Firmament nach dir bekannten Sternbildern ab. Du erkennst den Großen Wagen und den Polarstern im Kleinen Bären. Er leuchtet heute ganz besonders schön. Hier oben, auf 2000 Metern Höhe, bist du ihm so nah wie noch nie. Kein Wölkchen trübt den Blick in den von Sternen übersäten Himmel. Du genießt die Stille der Nacht. Spüre, wie du immer ruhiger und entspannter wirst, je länger du diese himmlische Ruhe um dich herum wahrnimmst.

Du schließt kurz die Augen und riechst die Frische des Schnees und den harzigen Geruch der Tannen, die in der Nähe stehen. Du vergräbst die Hände in den Jackentaschen und blickst in die dunkle Nacht. Die Hektik des Alltags fällt langsam von dir ab. Mit jeder Ausatmung löst sich deine Anspannung, und deine Gedanken beruhigen sich. Die Weihnachtszeit ist gerade vorüber, und der Trubel um Geschenke, Essen und Feierlichkeiten ist vorbei. Heute ist Silvester! Der letzte Tag im Jahr. Zeit, um mit dem Alten abzuschließen und Pläne für die Zukunft zu machen. Und genau deshalb bist du hier. Du möchtest dich unabhängig und frei allem Neuen zuwenden. Du möchtest dein Leben so gestalten, wie du es dir vorstellst. Und welche Kulisse könnte dafür geeigneter sein als diese – mit dem Blick von oben auf die Welt?

Gleich ist es so weit. In wenigen Minuten ist Mitternacht. Du rufst dir das vergangene Jahr in Erinnerung. Was war schön in diesem Jahr? Was würdest du ändern, wenn du könntest? Welche Menschen standen dir am nächsten? Bist du stolz auf dich? Was war das schönste Erlebnis? Rufe es dir ins Gedächtnis, denn damit möchtest du das Jahr abschließen.

Dann nimmst du zwei Wunderkerzen und ein Feuerzeug aus deiner Jackentasche. Du zündest eine von ihnen an und blickst in die sprühenden Funken. Dabei denkst du an das vergangene Jahr und dein schönstes Erlebnis. Wenn die Wunderkerze verglüht ist, hast du mit dem Jahr abgeschlossen. Dann nimmst du die zweite Wun-

derkerze und entzündest auch diese. Während es Funken regnet, denkst du intensiv an das vor dir liegende Jahr. Daran, welche Ziele du hast und was du erreichen möchtest. Denke ganz fest an das, was du dir wünschst. Wenn auch diese Wunderkerze abgebrannt ist, bist du bereit für alles, was kommen mag.
Du gehst ein paar Meter weiter, sodass du ins Tal sehen kannst. Bunte Leuchtraketen begrüßen das neue Jahr. Du stehst staunend auf dem Berg und siehst auf das Feuerwerk hinunter, das in allen Farben schillert. Die Geräusche sind durch die Entfernung gedämpft. Du siehst nur die bunten und glitzernden Bilder im Nachthimmel. Vielleicht hast du noch nie ein Feuerwerk von oben betrachtet, und es ist ein einzigartiges Erlebnis. Vielleicht konntest du solch einen Anblick aber auch schon einmal genießen. Genieße den Moment. Er ist nur für DICH.

PAUSE

Das Feuerwerk ist vorbei, nur vereinzelte Raketen erhellen noch den Nachthimmel. Du freust dich auf das neue Jahr, auf die neuen Aufgaben und bist voller positiver Energie. Du hast deine Ziele und Wünsche fest vor Augen und kannst sie dir durch eine Wunderkerze ganz einfach wieder ins Gedächtnis rufen, falls du einmal vom Weg abkommen solltest.

Notizen:

Wolkenspiel

Lesedauer: ca. 7 Minuten

Träume dich in deiner Fantasie an einem wunderschönen Sommertag auf eine Wiese. Die Sonne scheint herab, und am tiefblauen Himmel sind nur kleine Wölkchen zu sehen. Es ist angenehm warm, und diese Temperaturen sind jetzt genau richtig für dich, denn du bist ein Sonnenkind. Es weht ein laues Lüftchen, das dir sanft durch die Haare streicht.

Atme tief ein und aus.
Ein und aus.
Ein und aus.

Du bist allein in der freien Natur. Weit und breit ist kein Haus, kein Baum und keine Menschenseele zu sehen. Nur du. Du ganz allein inmitten einer friedvollen Umgebung. Die Landschaft um dich herum ist pur und rein. Eine wahre Farbenpracht umhüllt dich. Die Wiese, auf der du dich befindest, ist saftig grün, viele verschiedene Blumen und Kräuter wachsen auf ihr. Du siehst strahlend gelbe Butterblumen, lila Klee, reinweiße Schafgarbe und leuchtend roten Mohn. Zahlreiche Margeriten wippen mit ihren großen Köpfen im leichten Wind, und das zartviolette Wiesenschaumkraut wiegt sich sanft hin und her. Der Duft von würzigem Wiesenthymian liegt in der Luft und harmoniert perfekt mit dem der zahlreichen Blumen. Du riechst die Süße der Wicken und die Sonne auf deiner Haut. Von weit her wird das Aroma von frischem Heu hergeweht. Du kannst die würzig-frischen Kräuter fast auf deiner Zunge schmecken.

Atme den herrlichen Duft tief ein und aus.
Ein und aus.
Ein und aus.

Außer dem Summen der Bienen und dem Flügelschlagen und Zwitschern einiger Vögel ist alles still und friedlich. Unweit entdeckst du eine Decke, die auf der von der Sonne gewärmten Wiese ausgebreitet ist. Du spürst, dass sie für dich dorthin gelegt wurde. Dankbar lässt du dich auf ihr nieder. Du legst dich auf den Rücken und schiebst dir ein weiches Kissen unter den Kopf. Es ist sehr gemütlich, und du fühlst dich wohl. Wenn du deine Hände zur Seite ausstreckst, kannst du das Gras berühren. Einige Halme fühlen sich weich und zart an, andere sind hart und piksen. Du ertastest das Gras und die Pflanzen um dich herum, dann blickst du hinauf in den Himmel. Du kannst viele verschiedene Blautöne erkennen. Von zartem Hellblau über ein leuchtendes Mittelblau bis hin zu einem dunkler werdenden Blau. Es scheint, als wolle der Himmel dir seine ganze Farbenvielfalt präsentieren.
Dann fallen dir die Wolken auf. Wie kleine Wattebäusche sind sie über den ganzen Himmel verteilt. Sie erinnern dich an eine Herde Schäfchen, die friedlich am Himmelszelt grast. Du betrachtest in aller Ruhe, wie sie langsam in eine Richtung ziehen. Es ist ein schönes Gefühl, hier unten zu liegen und die wandernden Wolken zu beobachten.
Du liegst entspannt und gemütlich auf deiner Decke und bist ganz bei dir. Kein Gedanke stört deine Zeit. Sie ist nur für DICH. Wenn doch einmal ein Gedanke auftaucht, setze ihn auf eine Wolke, und lasse ihn langsam weiterziehen. Wenn es ein wichtiger Gedanke war, kannst du dich später darum kümmern, wenn nicht, verschwindet er einfach in der Weite des Himmels. Nichts belastet dich. Sei vollkommen ruhig und bei dir.

Atme tief ein und aus.
Ein und aus.
Ein und aus.

In einiger Entfernung entdeckst du die Kondensstreifen eines vorüberfliegenden Flugzeuges. Du beobachtest, wie die Steifen immer blasser und blasser werden, bis sie sich komplett aufgelöst haben. Stelle dir vor, dass dasselbe mit deinen Gedanken passiert. Sie werden farblos, verblassen langsam und lösen sich schließlich ganz auf.

Jetzt bemerkst du, dass sich die Schäfchenwolken am Himmel verändert haben. Es scheint, als ob sie sich zu einem Kreis zusammengefunden hätten. Mit träger Langsamkeit zieht sich der Kreis jetzt zu einem Oval auseinander. In gemächlichem Tempo verändern sich die Wolken zu immer neuen Formen und bilden faszinierende Muster.
Beobachte, wie sich die kleinen Wolken auftürmen. Langsam entsteht ein großer Wolkenberg. Die Sonne hat sich hinter diesem Berg versteckt, was dir etwas Schatten verschafft. Du staunst über die riesige Wolke. Auf einmal reißt sie an einer Stelle auf, und die Sonne strahlt durch das Loch hindurch. Nach und nach löst sich der Wolkenberg auf, und es entstehen neue Gebilde. Vielleicht kannst du Gesichter, Tiere oder andere Formen erkennen.
Nimm dir Zeit, und beobachte den Himmel mit den sich ständig ändernden Wolkenformationen. Die Langsamkeit, in der diese Veränderungen geschehen, wirkt beruhigend und entspannend auf dich. Nimm dir Zeit, und genieße diesen Moment. Er ist nur für DICH!

PAUSE

Schließlich, während du ganz entspannt und ruhig daliegst, schaust du dich um und bemerkst, dass die Sonne schon niedrig am Horizont steht. Die Farben des Himmels haben sich verändert. Die wunderschönen Blautöne haben Platz gemacht für leuchtendes Orange und romantisches Rosa. Du atmest noch einmal tief den himmlisch blumigen und würzigen Duft der Wiese ein.

Atme tief ein und aus.
Ein und aus.
Ein und aus.

Blicke wieder zum Himmel hinauf. Aus den Schäfchenwolken sind nun verträumte Schleierwolken geworden, die wie Spitzendeckchen aussehen und in Richtung Sonnenuntergang ziehen. Bedanke dich beim Himmel und beim Universum für das wundervolle Naturschauspiel, das du erleben durftest.
Mache dich dann gedanklich wieder auf den Rückweg. Lasse deine dich belastenden Gedanken dort oben mit den Wolken davonziehen. Tritt gestärkt und sorgenfrei den Heimweg an. Und wann immer dich im Alltag Sorgen und Ängste quälen, werden dir die Wolken helfen. Schaue in den Himmel, suche dir eine Wolke aus, und lasse deine Gedanken mit ihr davonziehen.

Notizen:

»Schenke dir jeden Tag
die schönsten Momente,
und Bade Körper, Seele
und Geist in innerer
Harmonie.«

Sarah Bernhardt

Abtauchen in Geborgenheit und Stille

Lesedauer: ca. 5 Minuten

Träume dich in deiner Fantasie in ein warmes, gemütliches Badezimmer, in dem du dich richtig wohlfühlen kannst. Es ist ein Ort der Ruhe und der Behaglichkeit. Der Raum ist mit viel Liebe zum Detail eingerichtet, jeder einzelne Gegenstand wurde mit Sorgfalt und Bedacht ausgewählt und hat seinen Platz.
Wenn du aus dem Fenster schaust, siehst du, dass es bereits dunkel geworden ist. Du ziehst die Vorhänge zu und schaltest das Licht an. Dein Blick fällt auf eine Badewanne, die mitten im Raum steht. Sie hat goldene, geschwungene Füße. Ein altmodisches, aber sehr romantisches Stück, in das du dich auf den ersten Blick verliebst. Du beschließt, jetzt ein Bad zu nehmen.
Du lässt warmes Wasser in die Wanne ein und öffnest die Schublade eines Schrankes, in der sich verschiedene Badezusätze befinden. Es gibt für alle Stimmungen die richtigen Öle und Zusätze. Du entscheidest dich für »Genießen & Wohlfühlen«, ein Duft aus Vanille und Orange, und gibst den Badezusatz ins Wasser. Du beobachtest, wie sich das klare Wasser leicht orange färbt und kleine weiße Schaumberge entstehen. Sofort ist der ganze Raum erfüllt von diesem Duft.

Während weiterhin Wasser in die Wanne läuft, zündest du Kerzen an, die überall im Bad aufgestellt sind. Sie sind ganz unterschiedlich. Es gibt kleine, duftende Teelichter, große Windlichter mit dicken Stumpenkerzen, und sogar ein Kerzenständer mit langen weißen Stabkerzen steht bereit. Du löschst das Deckenlicht, denn der Schein der vielen Kerzen reicht völlig aus. Sofort ist das Badezimmer in ein gemütliches und sanftes Licht getaucht. Dann schaltest du deine Lieblingsentspannungsmusik ein. Als du die leisen und vertrauten Töne vernimmst, wirst du sofort ein bisschen ruhiger und fühlst, wie eine Last von deinen Schultern genommen wird.

Atme tief ein und aus.
Ein und aus.
Eins und aus.

Die Wanne ist jetzt mit warmem Wasser gefüllt. Du entkleidest dich und gleitest in das Wasser. Es ist ein himmlisches Gefühl, als dein ganzer Körper von dem warmen und duftenden Nass umhüllt wird. Du spürst, dass deine Muskeln und Sehnen warm und weich werden und wie sie sich nach und nach entspannen. Der Auftrieb des Wassers trägt deinen Körper, du musst nichts dafür tun. Deine Schultern und deine Arme sind warm, weich und entspannt. Dein Bauch und dein Rücken sind warm, weich und entspannt. Dein Becken, deine Beine und deine Füße sind warm, weich und entspannt. Du riechst den wunderbar frischen Duft von Orange, verführerischer Vanille und den dezent blumigen Duft der Kerzen.

Atme diese entspannenden Aromen tief ein und aus.
Ein und aus.
Ein und aus.

Deine Atmung ist ruhig und gleichmäßig. Deine Hände fühlen den luftigen Schaum, und du spürst deine weiche, samtige Haut. Zusammen mit den Klängen der Entspannungsmusik ergibt dieser Augenblick einen Moment der völligen Harmonie und des Glücks. Langsam lässt du dich etwas weiter nach unten gleiten, tauchst mit deinem Hinterkopf und deinen Ohren unter Wasser. Stille! Um dich herum ist nichts als Stille. Du schwebst schwerelos in völliger Ruhe. Du schließt deine Augen. Genieße diesen Moment, denn er ist nur für DICH.

PAUSE

Langsam tauchst du mit deinem Kopf wieder auf, und sofort empfangen dich die vertrauten Klänge der Musik. Du öffnest die Augen und betrachtest das Badezimmer, das im Schein der Kerzen unglaublich gemütlich und heimelig wirkt. Die Haut an deinen Händen und Füßen ist schrumpelig geworden – es ist Zeit, die Wanne wieder zu verlassen.
Du kuschelst dich in ein großes, weiches Handtuch und trocknest dich sorgfältig ab, bevor du dich mit duftender Bodylotion eincremst. Du genießt die massierenden Bewegungen auf deiner Haut. Danach schlüpfst du in deine Kleidung und fühlst dich wie neugeboren. Sauber, frisch und vollkommen entspannt.

Atme bewusst tief ein und aus.
Ein und aus.
Ein und aus.

Nimm ein Bad, wann immer du dich entspannen möchtest. Schenke dir diese Zeit, und tue dir etwas Gutes. Verwöhne deinen Körper und deinen Geist mit Ruhe und Zufriedenheit.

Notizen:

Ländliche Idylle

Lesedauer: ca. 7 Minuten

Träume dich in deiner Fantasie in ein kleines Dorf an einem lauen Spätsommerabend. Die Umgebung ist ländlich geprägt. Du siehst viele Bauernhöfe und Silos. Auf den Wiesen grasen Pferde und schauen neugierig, was um sie herum geschieht. Du kannst beobachten, wie eine Stute ihrem Fohlen liebevoll die Welt zeigt und wie das Kleine auf seinen langen Beinchen wissbegierig hinter seiner Mutter herspringt. Ein paar Kühe haben sich im Schatten einer Gruppe von Bäumen versammelt. Es ist ein warmer Tag, die Sonne scheint vom Himmel herab und taucht die Umgebung in gelbgoldenes Licht. Nur vereinzelt weht ein kleines Lüftchen. Ansonsten ist die Luft geschwängert vom Duft des Heus, der reifen Äpfel und Birnen, der Pferde und Kühe und der würzigen Kräuter, die hier überall am Wegesrand wachsen. Du atmest den Duft des Sommers tief ein. Du liebst diese Jahreszeit, ihre Geräusche, die Wärme und diesen Geruch.

Atme tief ein und aus.
Ein und aus.
Ein und aus.

Wiesen, Äcker und Felder, so weit das Auge reicht. Es ist Erntezeit. Du stehst am Rand einer Streuobstwiese, Menschen mit Körben unter dem Arm sammeln die reifen Früchte ein, und du beobachtest, wie eine Mutter mit ihren Kindern pralle, saftigsüße Brombeeren von einer dicht verzweigten Brombeerhecke pflückt. Der Duft von frisch gebackenem Apfelkuchen weht dir in die Nase. Die Szene stimmt dich glücklich und zufrieden. Deine Muskeln und deine Sehnen lockern sich. Die Sonne wärmt deine Muskulatur und hilft dir beim Entspannen. Du bist im Hier und Jetzt, und das fühlt sich gut an. Neben dir steht ein alter Apfelbaum, und du bückst dich, um einen Apfel aufzuheben. Die runde, rotbackige Frucht liegt verführerisch in deiner Hand, und du beißt voller Vorfreude hinein. Der süße Saft rinnt an deinem Kinn hinunter, und deine Geschmacksknospen erleben ein wahres Feuerwerk an Aromen. Dieser Apfel ist so herrlich aromatisch, süß, und knackig. Du genießt jeden Bissen.

In der Ferne hörst du das Tuckern von Traktoren und Mähdreschern. Du gehst einen kleinen Weg entlang aus dem Dorf hinaus in die Richtung, aus der die Geräusche kommen, um dir die Getreideernte aus nächster Nähe anzusehen. Der Kies knirscht unter deinen Schuhen, und du beobachtest einen Schwarm Schwalben, der aufgeregt über dir kreist. Die Sonne ist kurz davor, hinter den Bäumen eines nahen Waldes zu verschwinden, und taucht die Landschaft in ein wunderschönes orangerotes Licht.
Du bleibst stehen und genießt den Anblick, der sich dir bietet. Du schiebst dir eine Sonnenbrille auf die Nase und atmest die duftende, warme Sommerluft tief ein. Die ländliche Umgebung, das wunderschöne Licht und das Rauschen des Windes in den Bäumen entspannen dich immer mehr.
Du gehst weiter, und das Dröhnen der Dieselmotoren wird immer lauter. Du stehst jetzt direkt an einem großen Feld, das von einigen Menschen und Maschinen bearbeitet wird. Ein großer Mähdrescher drischt die Weizenkörner aus den Ähren. Die Früchte gelangen über ein langes Rohr auf einen Anhänger. Die leeren Halme werden gewendet, getrocknet und in den nächsten Tagen zu großen Ballen geformt. Über dem abgemähten Stoppelfeld lauern Mäusebussarde und andere Greifvögel und hoffen auf Beute. Du beobachtest die majestätischen Tiere, die in der Luft zu stehen

scheinen. Ihre Augen sind scharf, ihnen entgeht kcine Bewegung am Boden. Wenn sie eine Maus oder einen Feldhamster entdeckt haben, stürzen sie zur Erde und packen ihre Beute mit einer schnellen Bewegung. Du schaust ihnen eine Weile zu, dann schließt du kurz die Augen, um all die Eindrücke wirken zu lassen.

Du öffnest deine Augen wieder, um gespannt den Arbeiten auf dem Feld zu folgen. Jeder der Arbeiter weiß, was er zu tun hat, und alles geht Hand in Hand. Die jahrelange Routine ist deutlich zu sehen. Alle wirken vertraut miteinander. Wahrscheinlich gehören diese Menschen zu einer Familie, die gemeinsam diese schwere Arbeit verrichtet. Dir gefällt dieser Zusammenhalt, und ein Lächeln erscheint auf deinem sonnengewärmten Gesicht.
Du schaust fasziniert zu. Die monotonen Geräusche, das Farbenspiel und der herrliche Duft von frischem Stroh entspannen dich, und du fühlst dich wohl und geborgen. Ein kleiner Junge kommt auf dich zu und lädt dich zum Erntefest ein. Sobald die letzten Meter Weizen geerntet sind, wird zur Feier des Tages ein Lagerfeuer entzündet, und es gibt frische Limonade. Gern nimmst du die Einladung an und folgst dem Bauernjungen über das goldgelbe Stoppelfeld. Die Frauen haben schon an einer geeigneten Stelle ein großes Feuer entzündet und große Krüge mit selbst gemachter Zitronenlimonade und duftenden Hefekuchen bereitgestellt.

Ein Pfiff ertönt, und dann ist alles ruhig. Alle Landmaschinen verstummen, die Ernte ist geschafft. Erschöpft und glücklich kommen die Bauern und ihre fleißigen Helfer von allen angrenzenden Feldern zusammen, um sich zu erfrischen und am Lagerfeuer auszuruhen. Du siehst die Erleichterung und die Freude in den verschwitzten und roten Gesichtern. Ein älterer Mann spricht einige Dankesworte und segnet die Ernte. Du spürst die Dankbarkeit, die von diesem Mann ausgeht. Gegenüber der Natur, die die Menschen

mit einer reichen Ernte beschenkt und somit das Einkommen gesichert hat. Und gegenüber dem Wetter, da der Wettergott gnädig war und die Ernte sicher und trocken eingefahren werden konnte. Er wünscht allen Anwesenden eine schöne Erntedankfeier, spricht einen Trinkspruch und prostet in die Runde. Sein Blick bleibt dabei an dir hängen, und er prostet dir noch einmal zu.
Mittlerweile ist es dunkel geworden, und unzählige Sterne prangen am dunklen Himmelszelt. Du machst es dir gemütlich und lehnst dich an einen großen Traktorreifen. Dein Blick bleibt an den sanften Flammen des Feuers hängen. Du hörst das Knacken und Prasseln des Lagerfeuers, lauschst den Geschichten der Dorfbewohner und riechst den rauchigen Duft, der in der Abendluft liegt. Die Grillen zirpen, und unzählige Glühwürmchen und Fledermäuse schwirren und sausen durch die Nacht. Du schmeckst die köstliche Süße der Limonade auf deiner Zunge und fühlst, wie du völlig entspannt auf der erwärmten Erde sitzt. Denke über Dankbarkeit nach. Darüber, wofür du dankbar bist und wie selbstverständlich du einige Dinge hinnimmst, obwohl sie etwas ganz Besonderes sind. Schicke einen Dank ans Universum für all die Dinge, für die du dankbar bist. Du bist mit dir und der Welt um dich herum im Reinen. Plötzlich erklingen sanfte Töne einer Gitarre, und du schließt die Augen. Genieße diesen Moment, denn er ist nur für DICH.

PAUSE

Als du deine Augen öffnest, siehst du, dass das Feuer fast völlig heruntergebrannt ist. Du trinkst deine Limonade aus und nimmst die ruhige, friedliche Stimmung noch einmal in dich auf. Wann immer du im Alltag gestresst bist, kannst du dich an diesen schönen Sommerabend erinnern und aus der Entspannung schöpfen. Mit dem Gedanken an die Dankbarkeit, die du hier gespürt hast, verabschiedest du dich von deinen Gastgebern, wünschst ihnen weiterhin eine gute Ernte und machst dich auf den Heimweg.

Notizen:

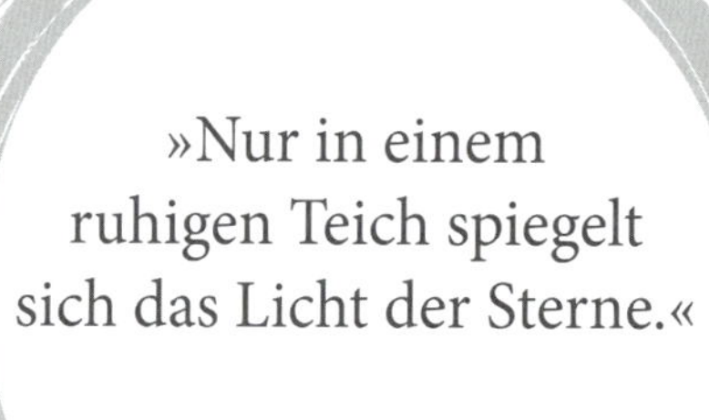

»Nur in einem
ruhigen Teich spiegelt
sich das Licht der Sterne.«

Chinesisches Sprichwort

Wind in den Haaren und Salz in der Luft

Lesedauer: ca. 6 Minuten

Träume dich in deiner Fantasie auf das Deck eines kleinen Fischerbootes auf der wunderschönen Nordsee. Es ist ein klarer, kalter Herbsttag. Die Sonne scheint vom leicht bedeckten Himmel herab und wärmt dich nur ein wenig. Du trägst eine gefütterte Regenjacke, einen kuscheligen Schal, eine wärmende Mütze und dicke, wasserfeste Stiefel. Du sitzt auf einer Bank an Deck und hast dir eine flauschige Decke über die Beine gelegt.

Im Steuerhaus des kleinen Schiffes steht der Kapitän, ein älterer, freundlicher Mann, der schon sein ganzes Leben auf diesem Schiff verbringt. Sein wettergegerbtes Gesicht hat einen gutmütigen Ausdruck, und wie es sich für einen richtigen Seebär gehört, ist er wortkarg und still. Aber das stört dich nicht, denn du bist nicht zum Reden hierher auf das weite Meer gekommen, sondern um dich zu entspannen. Du möchtest der Hektik des Alltags entfliehen und einfach nur bei DIR sein. Inmitten der Stille des Meeres.

Du erkennst die Nordseeküste genau und wirfst einen Blick auf den schier endlosen Sandstrand, der zu dieser Jahreszeit menschenleer ist. Du blickst durch dein mitgebrachtes Fernglas und siehst keinerlei menschliche Spuren im Sand, lediglich die kleinen, feinen Krallenabdrücke der Strandläufer, der Austernfischer und der Silbermöwen sind zu erkennen. Etwas weiter in der Ferne siehst du die Dünen, die das Meer und der Wind im Laufe der Jahre gebildet haben und die von den Menschen zum Schutz vor Sturmfluten ausgebaut und befestigt wurden. Der Sand der Dünen sieht wunder-

bar weiß und weich aus im Licht der Sonne. Die Oberfläche ist mit Strandhafer, Dünenrosen und anderen Pflanzen bedeckt, die der Stabilität der Dünen dienen. Die Binsen der langen Halme wiegen sich im Wind, du kannst beinahe ihr Rascheln hören. Du entdeckst eine Herde grasender Schafe, die sich am saftigen Grün der Salzwiesen hinter den Dünen gütlich tun. Noch weiter in der Ferne erblickst du sogar einen rot-weiß gestreiften Leuchtturm.
Du schließt die Augen und lauschst den Geräuschen um dich herum. Du hörst das Tuckern des alten Dieselmotors, die Wellen, die an die Schiffswand branden, und die Rufe der Möwen, die über dir hinwegsegeln. Maritime Geräusche, die du sehr liebst. Der Wind rauscht, und du hörst deinen eigenen Atem.

Höre, wie dein Atem kommt und geht.
Kommt und geht.
Kommt und geht.

Lasse deine Augen geschlossen, und konzentriere dich nun auf den Geruch um dich herum, auf das typische Aroma des Meeres. Du riechst das salzige Wasser und die Algen. Du atmest diesen wohltuenden, lösenden Duft tief ein. Und wieder aus. Es weht eine steife Brise, und du streckst die Nase in den Wind. Der Luftstrom zerrt an deinen Haaren, und du fühlst dich, als würde er durch dich hindurchwehen und dich frei pusten. Er bläst durch deinen Körper und deinen Kopf und nimmt alle Sorgen und Ängste mit sich. Stelle dir vor, wie sämtliche Bedenken und negativen Gedanken mit einem Windstoß davongetragen werden. Weit weg, nichts belastet dich mehr. Es ist ein befreiendes Gefühl.

Du öffnest deine Augen wieder, und der Kapitän gibt dir ein Zeichen, dass er jetzt eine Pause macht. Er stellt den Motor des Bootes ab und geht nach unten in seine Kajüte. Nun bist du ganz allein an

Deck. Durch das fehlende Brummen des Motors kannst du jetzt alle anderen Geräusche noch intensiver wahrnehmen: das Rauschen der Wellen und des Windes und das Kreischen der Möwen.

Atme tief ein und aus.
Ein und aus.
Ein und aus.

Das Boot schaukelt sacht vor sich hin und passt sich den Wellen perfekt an. Entspanne deinen Körper, sodass auch du dich dem Rhythmus des Meeres hingeben kannst. Deine Augen sind wieder geschlossen, und du spürst die Bewegung der Wellen genau. Lasse dich darauf ein, und entspanne dich noch mehr. Dieser Moment ist nur für DICH!

PAUSE

Nach einer Weile nimmst du wahr, dass der Kapitän den Motor wieder gestartet hat und das Boot langsam Fahrt aufnimmt. Du blickst noch einmal zum schönen Stand und verabschiedest dich von ihm. Du sagst den Möwen Lebewohl und füllst deine Lunge mit der frischen Luft. Du bist völlig ruhig und entspannt. Dein Herzschlag und deine Atmung sind ruhig und gleichmäßig. Deine kreisenden Gedanken hast du weit auf dem Meer zurückgelassen.

Als du am Hafen ankommst, berührst du die raue Holzreling und verabschiedest dich so von dem kleinen Fischerboot. Der Kapitän nickt dir zu, und du schenkst ihm ein dankbares Lächeln. Wann immer es in deinem Leben windet oder stürmt, erinnere dich an dein schönes Erlebnis auf der Nordsee und an die Erholung, die du dort erleben durftest. Wind und Entspannung werden in deinem Leben von nun an zusammengehören und dir wohltun.

Notizen:

Erfrischung am verwunschenen See

Lesedauer: ca. 6 Minuten

Du träumst dich in deiner Fantasie in einen kleinen Pinienwald. Es ist ein warmer und sonniger Sommertag. Du trägst keine Schuhe und spürst, wie das zarte Moos, die weichen Nadeln der Pinien und einzelne harte Rindenstücke der Bäume deine Fußsohlen leicht massieren. Es kitzelt und pikst ein wenig, aber du findest es sehr angenehm. Der Wald liegt malerisch in einem Tal, und in ihm wachsen viele große, Schatten spendende Pinien und aromatische Lorbeersträucher. Du entdeckst auch große Rosmarinbüsche, wilden Zitronenthymian, und der würzige Duft von Oregano liegt in der Luft. In der trockenen Wärme kommen die Aromen der Kräuter besonders gut zur Geltung. Du schließt kurz deine Augen, um die Geruchsvielfalt um dich herum zu genießen: die Frische des Zitronenthymians, die Süße der zahlreich blühenden Blumen, den beruhigenden Duft von Lavendel und die Würze von Rosmarin und Salbei. Gemeinsam mit dem harzigen und holzigen Geruch der Bäume ergeben die Aromen der Pflanzen eine Mischung, die dich tief entspannen lässt. Nimm all diese Gerüche in dich auf, während du die Sonne auf deiner Haut und in deinem Gesicht spürst.

Atme tief ein und aus.
Ein und aus.
Ein und aus.

Langsam gehst du weiter. Du folgst einem Weg, der dich nach unten ins Tal führt. Der Wald wird zunächst dichter, und die Abkühlung in der wohltuenden, schattigen Waldatmosphäre ist sehr angenehm. Du gehst den Weg entlang und bemerkst, wie weich und federnd der Waldboden ist. Bei jedem Schritt gibt er nach und verleiht deinem Gang Kraft und Vitalität. Über deine Fußsohlen bist du mit der Natur verbunden – bist ein Teil von ihr. Du bleibst kurz stehen, um deine Verbundenheit mit dem Wald und der Welt zu spüren. Deine Füße sind die Wurzeln, die fest mit der Erde verbunden sind. Wie ein Baum hältst auch du jedem Wind stand, und jeder Sturm festigt deine Verbindung mit Mutter Natur. Es ist ein wunderbares Gefühl, dazuzugehören, Teil von etwas zu sein und seine Wurzeln zu kennen. Deine Füße stehen fest auf dem Boden, dein Kopf ist stolz gen Himmel gestreckt, und du hast das Gefühl, ein kleines Stückchen zu wachsen. So groß und stolz verharrst du ein paar Minuten und lauschst den Geräuschen um dich herum. Du hörst das leichte Rauschen des Windes in den Bäumen, das fröhliche Vogelgezwitscher und deinen Atem. Lasse deinen Atem einfach kommen und gehen. Du musst nichts tun.
Hier und da hörst du ein Rascheln im Gebüsch, und von weiter unten im Tal kannst du ein Plätschern und Gluckern hören. Diese Geräusche machen dich neugierig, und du beschließt, ihnen nachzugehen. Nach ein paar Minuten findest du einen kleinen Bach. Du folgst dem Wasserlauf, der immer breiter wird und nach einer Weile in einen See mündet.

Einsam liegt dieser türkisblaue See kristallklar und ruhig vor dir. Sein Ufer ist umgeben von Wasserpflanzen, Schilf und bunten Blumen, alles sieht aus wie im Märchen. Farn und bunte Blüten lassen den See verwunschen und geheimnisvoll wirken. Die rot, gelb und lila blühenden Blüten bilden einen bezaubernden Kontrast zum Blau des Wassers und dem dunkelgrünen Wald im Hintergrund.

Eine einzelne Schweißperle bahnt sich ihren Weg von deiner Stirn über die Schläfe, deine Wange und hinunter zum Kinn. Du wischst sie weg und bemerkst, dass der Weg dich doch mehr angestrengt hat, als du dachtest. Du ziehst dich aus und gehst zum Seeufer. Mit dem großen Zeh testest du die Temperatur. Das Wasser ist wie erwartet kühl und erfrischend. Mit einem Quietschen springst du in das kühle Nass. Du tauchst wieder auf und machst einige kraftvolle Schwimmzüge zur Mitte des Sees. Die Bewegung tut gut und belebt dich. Dein Körper kühlt sich ab, und deine Gedanken werden so klar wie der See. Du durchschwimmst das Gewässer einmal und gehst am anderen Ufer wieder an Land, um dich auszuruhen und dich von der Sonne aufwärmen zu lassen. In der Nähe des Ufers findest du einen großen, flachen Stein, der von der Sonne ganz warm ist. Auf diesen Stein setzt du dich. Im Schneidersitz blickst du über den See in die Richtung, aus der du gekommen bist. Dann betrachtest du die nähere Umgebung ganz genau. Du erkennst roten Mohn, lila blühenden Oregano, pinken Oleander und weißen Thymian. Einige Zitronenbäumchen verströmen einen frischen Duft. Dir fällt das Summen und Brummen der zahlreichen Insekten auf. Fleißige Bienen sammeln die Pollen der Blumen. Hummeln, Fliegen und Libellen umschwirren das Ufer des Sees. Grillen zirpen, und ein Frosch quakt versteckt im Schilf. Du schließt die Augen und saugst die Atmosphäre tief in dich hinein.

Atme ein und aus.
Ein und aus.
Ein und aus.

Genieße den Augenblick, dieser Moment ist nur für DICH.

PAUSE

Du nimmst die Naturgeräusche nun wieder verstärkt wahr und beschließt, wieder ans andere Ufer des Sees zu schwimmen. Mit kraftvollen Bewegungen gleitest du durch das stille Gewässer und erreichst bald die andere Seite. Bis die Sonne dich getrocknet hat und du dich anziehen kannst, genießt du die Zeit in der Natur.

Immer wenn du dich allein oder heimatlos fühlst, kannst du dich an deinen Ausflug durch den Wald und an den See erinnern. Stelle dir dann die Gerüche, die Geräusche, das Piken der Piniennadeln unter deinen Füßen vor, und lasse deine Wurzeln wachsen.

Notizen:

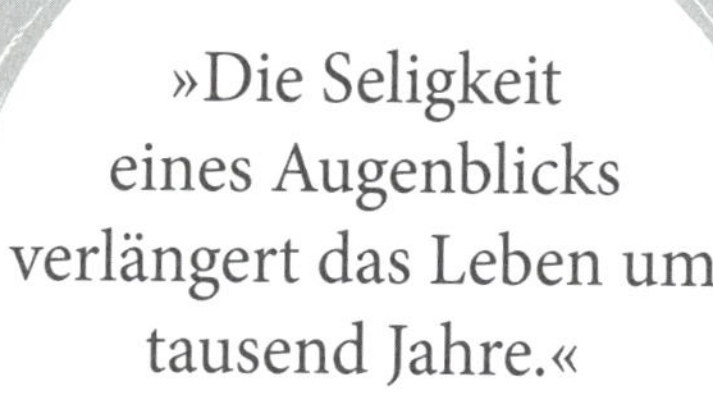

»Die Seligkeit
eines Augenblicks
verlängert das Leben um
tausend Jahre.«

Japanische Weisheit

Kakao bei Regen

Lesedauer: ca. 5 Minuten

Träume dich in deiner Fantasie in ein gemütliches Wohnzimmer. Du sitzt auf einer großen Couch mit vielen Kissen, die dich zum Kuscheln einladen. Die Kissenbezüge sind aus unterschiedlichen Materialen. Du befühlst weichen Samt, kühle Rohseide, raues Leinen und flauschiges Fell. Jedes Kissen hat eine andere Farbe und Größe. Einige der Kissen sind in Grüntönen gehalten, andere sind lila oder blau. Es gibt gemusterte Kissen und ganz schlichte. Du suchst dir das Kissen aus, das dir am besten gefällt, und legst deinen Kopf darauf.

Es ist ein grauer, stürmischer und verregneter Herbsttag. Ein Tag, an dem es draußen gar nicht richtig hell wird. Nur der Regen peitscht gegen die Scheibe. Hier drinnen ist es angenehm warm. Du hast den Kamin angezündet, und das Feuer gibt seine Wärme an den ganzen Raum ab. Es riecht angenehm nach Holzfeuer. Du hast das Licht gedimmt und den Raum mit Kerzen ausgeleuchtet. In einer Ecke steht ein großes Windlicht aus weiß gestrichenem Holz, in dessen Inneren eine dicke rosafarbene Kerze brennt. Auf dem Fensterbrett stehen fünf Gläschen, in denen Teelichter brennen, und auf dem Kaminsims hat ein silberner Kerzenständer mit langen weißen Stabkerzen seinen Platz. Die Flammen der Kerzen brennen ruhig, und du beobachtest, wie ab und an etwas flüssiges Wachs langsam an den Kerzen hinunterrinnt und erstarrt. Lange Nasen und Tropfen haben sich so an den Schäften gebildet.

Neben dem Geruch von Feuer erfüllt ein schokoladiger Duft den Raum. In deinen Händen hältst du eine Tasse mit dampfendem Kakao, garniert mit einer ordentlichen Portion Schlagsahne und einer Prise Zimt. Der köstliche Duft steigt dir in die Nase.

Atme ihn tief ein und aus.
Ein und aus.
Ein und aus.

Das Getränk ist noch heiß, du pustest vorsichtig in die Tasse und siehst, wie der Dampf des Kakaos sich verwirbeln und sein Aroma verströmt. Du schließt deine Augen und nimmst die Atmosphäre in dich auf: deine warmen Hände, die die Tasse fest umschlingen, die weichen Kissen, die dich stützen und dir ein Gefühl von Geborgenheit vermitteln, und die Ruhe, die gerade herrscht. Außer dem leisen Prasseln des Feuers hörst du nur, wie die Regentropfen an die Scheibe klopfen, wie das Wasser aus der Regenrinne tropft und wie der Wind um das Haus weht. Hier drinnen ist es warm, gemütlich und trocken.
Der Kakao ist nun etwas abgekühlt, und du setzt die Tasse an deine Lippen, um den ersten Schluck des köstlichen Heißgetränkes zu kosten. Die cremige Süße umschließt deine Geschmacksknospen, und die warme, wohltuende Flüssigkeit rinnt deine Kehle hinunter. Du spürst, wie sie sich in deinem Magen ausbreitet und dich von innen wärmt. Die Glückshormone, die die Schokolade freisetzt, tanzen in deinem Bauch, und du lächelst. Alle Anspannung und der Trubel des Alltags fallen von dir ab, und du entspannst dich immer mehr. Dein Geist lässt sich einlullen von dem monotonen Tropfen des Regens, und du spürst eine Ruhe, die sich vom Inneren deines Körpers ausbreitet – vom Magen über die Brust bis in deine Arme und Hände, in deinen Nacken und den Kopf. Auch deine Beine liegen ruhig und entspannt auf der Couch. Es ist, als ob der warme Kakao dir die Ruhe und Entspannung mit jedem Pulsschlag durch den Körper leitet. Genieße diesen Moment, er ist nur für DICH.

PAUSE

Du hörst, wie der Regen langsam weniger wird. Dein Körper ist noch immer völlig ruhig und entspannt. Deine Gedanken sind ruhig und geordnet. Allmählich wird es Zeit, wieder zurückzukehren. Du verabschiedest dich von diesem gemütlichen, warmen Wohnzimmer und machst dich auf den Heimweg. Das Gefühl, pure Entspannung zu genießen, wirst du nun immer spüren, wenn du eine heiße Schokolade trinkst. Das ist von jetzt an dein Ruhepol.

Notizen:

»Die größte Offenbarung
ist die Stille.«

Laotse

Schlusswort und Dank

Ich bedanke mich sehr herzlich bei Ihnen, liebe Leserin, lieber Leser. Ich hoffe, Sie können mit dem Buch gut arbeiten und es beschert Ihnen schöne Entspannungsstunden. Ich wäre glücklich und erfüllt, wenn Sie auch beim Vorlesen der Geschichten Ruhe und Entspannung finden können. Wenn Sie es für sich selbst lesen, erleben Sie hoffentlich fantastische Erlebnisse und Momente der Ruhe und des Friedens.
Ich bedanke mich vor allem bei meinen Liebsten für ihr Verständnis und die Zeit, die sie mir zum Schreiben gegeben haben. Danke an meinen Mann und meine Kinder Johann, Oskar und Karl.
Ein besonderes Dankeschön gilt Anna Cremer, denn ohne sie hätte ich nie mit dem Schreiben angefangen.
Danke, dass ihr mich bei meinem Lebenstraum unterstützt!

Über die Autorin

Michèle Voigt lebt mit ihrer Familie im Odenwald. Sie ist Physiotherapeutin und arbeitet täglich mit Entspannungstechniken. Seit 2008 ist sie außerdem Inhaberin eines Fußpflege- und Massagestudios. Ihre Leidenschaft ist es, Menschen dabei zu unterstützen, sich zu entspannen, zur Ruhe zu kommen und ihr Leben zu entschleunigen.

michele.voigt.digital

Auszeiten zum Träumen

Susanne Hühn
Fantasiereisen zu Oasen der Stille
144 Seiten
ISBN 978-3-8434-1294-0

Susanne Hühn
Fantasiereisen zu Oasen der Stille
Vier Entspannungsmeditationen
ca. 56 Minuten
ISBN 978-3-8434-8349-0

In ihrem Buch bietet Susanne Hühn kurze Meditationen an, die Sie dabei unterstützen, zu entspannen und den Kopf freizubekommen. Es ist eine Art Wohlfühlapotheke für Situationen, die Sie zu überwältigen drohen. Ein innerer Schutzraum, wenn alles zu viel ist. Sie erhalten anschauliche innere Bilder, mit denen Sie frische Energie tanken können, ohne allzu lange meditieren zu müssen.

Die CD enthält Meditationen zur Entspannung, die Sie in wundervolle Landschaften führen. Die einfühlsam eingewebte Musik und die angenehme Stimme von Susanne Hühn entspannen Sie tief. Dies ist eine CD für alle, die nach einem anstrengenden Tag, während einer schwierigen Phase oder Krankheit einfach loslassen und sich treiben lassen wollen.

Ines Leue
An einem ruhigen See …
Meditationen und Fantasiereisen
zum Vorlesen und
Selbstpraktizieren
176 Seiten
ISBN 978-3-8434-1448-7

Sich regelmäßig Auszeiten vom anspruchsvollen Alltag zu nehmen, ist oft schwierig. Ständig wird unsere Aufmerksamkeit gefordert. Doch wie gelingt es am leichtesten, einfach einmal abzuschalten und die Seele baumeln zu lassen? Die Yogalehrerin Ines Leue schenkt uns mit ihren geführten Meditationen und Fantasiereisen in diesem Buch wunderbare Wohlfühlmomente und innere Ruheoasen. Dank der 28 Entspannungstexte können wir auch auf Seelenebene wachsen und uns weiterentwickeln. Denn sie zeigen uns, wie wir Gefühle bedingungslos annehmen, blockierte Chakras lösen, uns dem Moment hingeben und so Ruhe und inneren Frieden finden.

Danke für deine REZENSION

– Gemeinsam sind wir mehr –

Liebe Leserin, lieber Leser,
von Herzen danken wir dir, dass du dieses Buch in den Händen hältst und es bis zum Ende gelesen hast. Das bedeutet uns, dem Schirner Verlag und seinen Autoren, sehr viel. Aus voller Überzeugung und mit Hingabe widmen wir uns seit vielen Jahren Themen, die unser aller Lebensqualität und Bewusstwerdung dienlich sind, und hoffen, einen Beitrag für eine lichtvollere Welt leisten zu können. Wenn dir unsere Arbeit gefällt, möchten wir dich bitten, dir einige Minuten Zeit zu nehmen, um dieses Buch zu rezensieren. Warum? Die meisten Menschen lesen Rezensionen, bevor sie ein Buch kaufen, da sie hierdurch einen Eindruck bekommen, ob und wie der Inhalt des Buches den Leser erreicht hat. Eine kurze Rezension ist dabei ebenso hilfreich wie eine lange, sehr ausführliche. Um es auf den Punkt zu bringen:

Eine Rezension ist heutzutage die beste Werbung für ein Autorenwerk!

Wenn du den Schirner Verlag und seine Autoren neben dem Buchkauf auch anderweitig unterstützen willst, dann bitten wir dich: Schreibe für jedes Werk eine Rezension – vielleicht als persönliche Leseempfehlung für die Buchhandlung in deiner Nähe oder online, z.B. beim Schirner Verlag. Das wäre nicht nur eine Wertschätzung für die Autoren, sondern kann dazu beitragen, dass die Verkaufszahlen steigen und der Schirner Verlag auch in herausfordernden Zeiten Bestand hat.

WIE SCHREIBT MAN EINE REZENSION?

Grundsätzlich sollte eine Rezension aus der eigenen, subjektiven Sicht geschrieben werden, da es sich um eine persönliche Meinung handelt. Du kannst in zwei Sätzen deine Gedanken zu dem Buch äußern oder eine längere Rezension verfassen. Falls du nicht weißt, wie du beginnen sollst, hier ein paar Anregungen:

- War das Buch leicht verständlich geschrieben? Wie hat dir die Sprache gefallen? Wie empfandest du die Aufteilung der verschiedenen Themen?
- War es unterhaltsam? War es deiner Meinung nach mit Herzblut und Liebe geschrieben? Wie hat es auf dich gewirkt?
- Hat es dein Herz berührt? Konntest du dich wiederfinden?
- War es tief greifend genug? Hast du viel Neues gelernt?
- Hat es gehalten, was der Titel und die Buchbeschreibung versprochen haben? Hat es deine Erwartungen erfüllt?
- Was macht das Buch besonders? Warum sticht es heraus im Vergleich zu anderen Büchern, die ein ähnliches Thema behandeln?
- Würdest du das Buch weiterempfehlen oder verschenken?

Bildnachweis

Bilder von der Bilddatenbank www.shutterstock.com

Schmuckelemente auf allen Seiten:
Kreise # 1392077147 (© 4zevar), Notizhintergrund # 114437518 (© Arevik), Hintergrund Herbstbild # 205173247 (© iravgustin), Pinselstrich am oberen Seitenrand und auf den Notizseiten # 779361262 (© Kovalov Anatolii)

Weitere Bilder:
S. 7 # 1048185397 (© Andrew Mayovskyy), S. 9 # 1710738706 (© New Africa), S. 11 # 459175588 (© everst), S. 13 # 140866387 (© djgis), S. 17 # 1104981647 (© Microgen), S. 23 # 735009454 (© nutt), S. 25 # 527792875 (© Xmentoys), S. 26 # 1067557661 (© HelloRF Zcool), S. 28 # 693715240 (© Grigor Ivanov), S. 30 # 582496015 (© reative Travel Projects), S. 34 # 1834582798 (© alenacepl), S. 39 # 526581130 (© Ryzhkov Oleksandr), S. 40 # 1099386764 (© yanikap), S. 44 # 1011488926 (© dugdax), S. 49 # 1084422488 (© Romolo Tavani), S. 50 # 1080604928 (© Jag_cz), S. 56 # 520389772 (© Triff), S. 63 # 622639811 (© Carlos Amarillo), S. 64 # 1708995904 (© Simon Bratt), S. 68 # 1210327720 (© Bakos ART), S. 73 # 1768497788 (© Veronique Duplain), S. 74 # 1183076908 (© PedramRostamian_shr), S. 78 # 1721954521 (© Nickolay Khoroshkov), S. 83 # 364612373 (© ZinaidaSopina), S. 84 # 384983128 (© Andrey Prokhorov), S. 88 # 528933889 (© Mike-Hubert.com), S. 93 # 520418221 (© Patryk Kosmider), S. 94 # 276442634 (© IgorZh), S. 98 # 1170473503 (© phive), S. 103 # 616333076 (© Kay Cee Lens and Footages), S. 104 # 628350224 (© Kryvenok Anastasiia), S. 108 # 603372686 (© Nomad_Soul), S. 113 # 674455723 (© TTstudio), S. 114 # 788833822 (© ThomBal), S. 118 # 1733719553 (© Lukas Juocas), S. 123 # 238608673 (© Standret), S. 124 # 230823166 (© Creaturart Images), S. 128 # 532151161 (© Valentyn Volkov), S. 129 # 1013927377 (© Yevhenii Chulovskyi)